Deutscher Schäferhund

Deutscher Schäferhund

Dr. Bruce Fogle

Fotos: Tracy Morgan

Übersetzung: Dr. Siegfried Schmitz

Die Deutsche Bibliothek – CIP-Einheitsaufnahme

Deutscher Schäferhund / Bruce Fogle.
Fotos: Tracy Morgan. Übers.: Siegfried Schmitz. –
München ; Wien ; Zürich : BLV, 1996
(Alles über Ihren Hund)
Einheitssacht.: German shepherd <dt.>
ISBN 3-405-14862-6
NE: Fogle, Bruce; Morgan, Tracy;
Schmitz, Siegfried [Übers]; EST

Ein Dorling Kindersley Buch

BLV Verlagsgesellschaft mbH
München Wien Zürich
80797 München

Titel der englischen Originalausgabe:
DOG BREED HANDBOOKS: GERMAN SHEPHERD
© 1996 bei Dorling Kindersley Limited, London
Text © 1996 Bruce Fogle

Deutschsprachige Ausgabe:
© 1996 BLV Verlagsgesellschaft mbH, München

Übersetzung aus dem Englischen:
Dr. Siegfried Schmitz
Lektorat: Dr. Friedrich Kögel
Herstellung: Sylvia Hoffmann
Satz und DTP: Studio Pachlhofer/Tirol
Einbandgestaltung: Studio Schübel, München

Printed in Italy · ISBN 3-405-14862-6

Inhalt

Einführung

Der Deutsche Schäferhund sieht zwar dem Wolf ähnlich, besitzt aber einen sehr viel freundlicheren Charakter

Im Laufe einer jahrtausendlangen Evolution sind die modernen Hunderassen aus ihrem gemeinsamen wölfischen Vorfahren hervorgegangen. Vor 15 000 Jahren, als unsere fernen Ahnen erstmals halb seßhaft wurden, wagten sich Wölfe in den Umkreis der menschlichen Behausungen vor, um sich Speiseabfälle zu holen. Nur die kleinsten und zahmsten dieser »selbstdomestizierten« Wölfe überlebten, und schon nach kurzer Zeit war der modifizierte »Wolf-Hund« entstanden. Die frühen Siedler erkannten die möglichen Verwendungszwecke für diese Tiere: Sie begannen damit, junge Welpen einzufangen und sie als Beschützer der Lagerplätze und als Jagdhelfer aufzuziehen.

Entwicklung der Rasse

Vor rund 6 000 Jahren hatte die Auswahlzucht durch den Menschen schon viele verschiedene Hundetypen hervorgebracht, die über verbesserte Fertigkeiten für spezielle Aufgaben (Bewachen, Lastentragen und Jagen) verfügten.

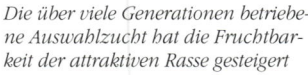

Die über viele Generationen betriebene Auswahlzucht hat die Fruchtbarkeit der attraktiven Rasse gesteigert

Die Entfaltung von Ackerbau und Viehzucht forderte von den Hunden eine weitere Befähigung: das Zusammentreiben und Hüten des Viehs. Durch sorgfältige Zucht der einschlägig begabten Hunde entstanden in ganz Europa zahlreiche Hüterassen mit unterschiedlichen Körpermerkmalen, und aus diesem genetischen »Grundstock« ging schließlich der Deutsche Schäferhund hervor – nicht durch Zufall, sondern durch sehr gezielte Zucht. Heute werden nur noch wenige Schäferhunde als Hütehunde verwendet, aber dank ihrer Abstammung zählen sie zu den vielfältigsten und am leichtesten erziehbaren Rassen überhaupt.

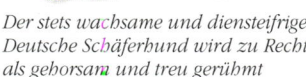

Der stets wachsame und diensteifrige Deutsche Schäferhund wird zu Recht als gehorsam und treu gerühmt

Das einschüchternde Gebell und der Beschützer- und Territorialtrieb machen den Schäferhund zu einem hochgeschätzten Schutz- und Wachhund

Angeborener Beschützerinstinkt

Der Deutsche Schäferhund ist von Natur aus nicht besonders aggressiv; im Vergleich mit anderen Rassen rangiert er im Mittelfeld. Der Schäferhund wird jedoch nicht nur gezielt auf hervorragende Folgsamkeit gezüchtet, sondern auch auf den Erhalt seines angestammten Wach- und Schutztriebs. Dieser Kombination verdankt er es, daß er als der erfolgreichste Schutz- und Wachhund der Welt gilt.

Ein idealer Gefährte

Dank seiner Anpassungsfähigkeit und Wachsamkeit ist der Schäferhund zu einer beliebten Gebrauchshunderasse geworden – Schäferhunde waren die ersten Blindenführhunde der Welt, und heute werden sie im Rettungs- und Bergungswesen, für das Aufspüren von Drogen und Sprengstoffen und im Polizeidienst eingesetzt. Aufgrund seiner vielen guten Eigenschaften hat der Schäferhund sogar in Hollywood Karriere gemacht, wo Rin Tin Tin zum ersten international erfolgreichen vierbeinigen Filmstar aufstieg. Für die meisten Schäferhundliebhaber ist wahrscheinlich die unbedingte Anhänglichkeit das hervorstechende Merkmal der Rasse: Der Deutsche Schäferhund gibt einen idealen Freund, Helfer und Beschützer der Familie ab.

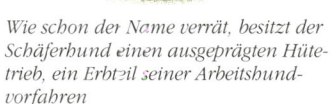

Wie schon der Name verrät, besitzt der Schäferhund einen ausgeprägten Hütetrieb, ein Erbteil seiner Arbeitshundvorfahren

Daß der Schäferhund zu den bekanntesten und beliebtesten Rassen überhaupt gehört, verdankt er seiner leichten Erziehbarkeit, seinem edlen Aussehen und seinen unübertrefflichen Gebrauchshundqualitäten

Eine gute Wahl

Der Deutsche Schäferhund ist ein eindrucksvolles Tier – vornehm und attraktiv, überaus wachsam, klug und temperamentvoll. Doch bevor Sie sich für diese Rasse entscheiden, sollten Sie sich prüfen, ob Sie der richtige Besitzer für einen solchen energischen und lebhaften Hund sind.

TREUER BESCHÜTZER VON HAUS UND HOF

Die meisten Hunde werden vorwiegend als Gefährten gehalten, doch selbst der kleinste kann wegen seiner Wachsamkeit und seiner scharfen Sinne einen gewissen Schutz bieten. Mit seiner eindrucksvollen Gestalt und seiner stets wachsamen Beschützernatur gibt der Deutsche Schäferhund einen idealen Wach- und Schutzhund ab, doch sein Verhalten darf in der Öffentlichkeit keinen Anstoß erregen.

Hunde sind keine Waffen

Schäferhunde lassen sich dazu erziehen, auf Befehl zu bellen und das Haus zu beschützen, aber sie dürfen niemals zum Angreifen abgerichtet werden. Eine unsachgemäße Erziehung zur Aggressivität entwürdigt die Rasse und schreckt die Allgemeinheit und potentielle Besitzer ab. Da ausgewachsene Schäferhunde physisch einschüchternd wirken können, verlangt ihre Haltung ein erhöhtes Verantwortungsbewußtsein.

STROTZEND VOR ENERGIE

Schäferhunde sind große Tiere, die körperlich und geistig gefordert sein wollen. Schaffen Sie sich einen solchen Hund nur dann an, wenn Sie ihm ausreichend Platz, Auslauf und Zuwendung bieten können. Gelangweilte Schäferhunde führen ein unglückliches Leben, und Frustration kann übermäßiges Bellen und sogar Aggressionen zur Folge haben. Bei richtiger Betreuung zählt diese kraftvolle und aufgeweckte Rasse zu den liebenswertesten Haushunden schlechthin.

Das Spiel ist ein wesentlicher Bestandteil der Beziehung zwischen Hund und Hundehalter

»PERFEKTION« ODER PERSÖNLICHKEIT?

Obwohl sich die Züchter bemühen, Ausstellungshunde hervorzubringen, die möglichst exakt dem offiziellen Rassestandard entsprechen, weichen die einzelnen Tiere in bestimmten Punkten vom Zuchtideal ab. Doch ein liebenswertes Wesen ist sicherlich die wichtigste Eigenschaft eines guten Begleithundes, und Normabweichungen sind oft besonders reizvoll.

Der Welpe hat ein Hängeohr, das sich wahrscheinlich, aber nicht mit Gewißheit später aufrichten wird

EIN ANHÄNGLICHER, GEHORSAMER GEFÄHRTE

Ein wohlerzogener Schäferhund freundet sich gern mit Fremden und anderen Tieren an

Gehorsam ist für den Deutschen Schäferhund etwas Natürliches, aber nur durch konsequente Erziehung wird aus dem Hund ein wirklich angenehmer Gefährte. Vom Tag der Anschaffung an müssen Sie viel Zeit in ihn investieren; Sie müssen ihn immer wieder neuen Situationen aussetzen und ihm dabei gutes Benehmen beibringen. Ein freundlicher und manierlicher Hund ist eine Freude für Sie und für andere.

UMSORGT WIE EIN FAMILIENMITGLIED

Ein Hund schenkt uns seine Freundschaft und Zuneigung, aber Sie müssen sich darauf einstellen, daß Sie in den nächsten 13 Jahren für ihn zu sorgen haben. Wie ein Kind ist er, was seine Gesundheit und sein Wohlbefinden angeht, ganz auf Sie angewiesen. Sind Sie bereit, sich mit Unannehmlichkeiten wie Stubenreinheitserziehung oder Haarwechsel und mit den Ausgaben für Futter und tierärztliche Betreuung abzufinden?

Der Hund bereichert das Leben der Familie, doch er ist vollkommen abhängig von Ihnen

Rassemerkmale

Der wohlproportionierte Deutsche Schäferhund verkörpert eine vielseitige Rasse; er erfüllt mit Eifer seine Funktion als Gebrauchshund und spielt ebenso gerne den Begleiter und Beschützer. Er hängt sehr an seiner Familie und ist deshalb oft mißtrauisch gegenüber Fremden, was er durch eine gewisse Reserviertheit und einen argwöhnisch-wachsamen Gesichtsausdruck zu erkennen gibt.

Wachsam und aufmerksam

Gute Züchter legen Wert auf ein ruhiges, umgängliches und verläßliches Wesen sowie auf edles Aussehen und körperliche Kraft. Der mutige, aufgeweckte Schäferhund ist zugleich sehr anhänglich und treu.

Muskulös und ausgewogen

Der im Verhältnis zur Höhe leicht gestreckte Rumpf verleiht dem Schäferhund seinen ausgreifenden, eleganten Gang. Sein kraftvolles, aber wendiges Gebäude und sein ausgeglichenes, selbstsicheres Wesen machen ihn zu einem überaus anpassungsfähigen Gebrauchshund und zu einem prachtvollen, zuverlässigen Begleithund.

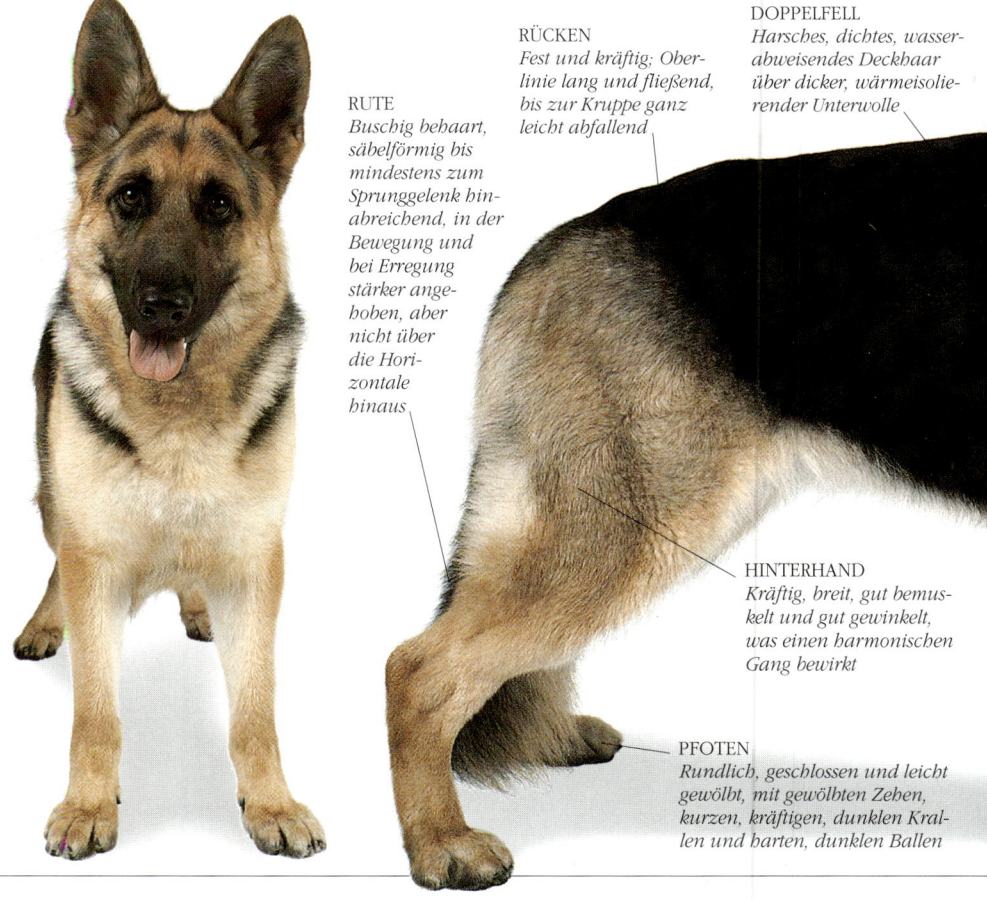

RÜCKEN
Fest und kräftig; Oberlinie lang und fließend, bis zur Kruppe ganz leicht abfallend

DOPPELFELL
Harsches, dichtes, wasserabweisendes Deckhaar über dicker, wärmeisolierender Unterwolle

RUTE
Buschig behaart, säbelförmig bis mindestens zum Sprunggelenk hinabreichend, in der Bewegung und bei Erregung stärker angehoben, aber nicht über die Horizontale hinaus

HINTERHAND
Kräftig, breit, gut bemuskelt und gut gewinkelt, was einen harmonischen Gang bewirkt

PFOTEN
Rundlich, geschlossen und leicht gewölbt, mit gewölbten Zehen, kurzen, kräftigen, dunklen Krallen und harten, dunklen Ballen

SCHÄDEL
*Der Körpergröße entsprechend, keil-
förmig und zwischen den Ohren
mäßig breit; Stirn nur leicht gewölbt
und ohne oder mit nur schwach
angedeuteter Mittelfurche*

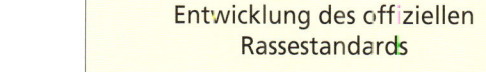

Entwicklung des offiziellen Rassestandards

Der schriftlich fixierte Rassestandard, der den »idealen« Deutschen Schäferhund beschreibt, bleibt international mehr oder weniger identisch, doch Züchter und Preisrichter legen ihn zuweilen etwas unterschiedlich aus. Gewisse Trends haben sich indes im Laufe der Zeit ergeben: Heute werden Schäferhunde größer und mit einer stärker abfallenden Rückenlinie gezüchtet als zu der Zeit, als der erste Standard aufgestellt wurde. Ungeachtet dieser Modifikationen betont der Standard von jeher nicht nur die Schönheit, sondern auch die Wesensfestigkeit und Gebrauchstüchtigkeit der Rasse.

OHREN
*Mittelgroß, an
der Basis breit,
spitz auslau-
fend, stehend
getragen*

Natürliche Schönheit und lebhaftes Temperament

Die Stehohren und der gut proportionierte Fang geben dem Kopf ein natürliches, wolfähnliches Aussehen. Männlichkeit und Weiblichkeit sind deutlich ausgeprägt. Der Gesichtsausdruck ist intelligent, gelassen und selbstsicher.

AUGEN
*Mandelförmig,
möglichst dun-
kel, mit wach-
samem, selbst-
bewußtem
Ausdruck*

FANG
*Keilförmig und
kräftig, mit
straffen, dunk-
len Lefzen*

VORDERHAND
*Schulterblätter lang,
schräggestellt und
flach anliegend; Länge
der Vorderläufe über-
steigt die Brusttiefe*

KIEFER UND GEBISS
*Kräftig entwickelt;
obere Schneidezähne
greifen knapp über
die unteren hinweg
(Scherengebiß)*

RUMPF
*Brust ziemlich
tief; Rippen oval,
nie unter die Ell-
bogen hinabrei-
chend; Bauch fest
und nur leicht
aufgezogen*

Maße

Widerristhöhe:
Rüde 60–65 cm
Hündin 55–60 cm
Gewicht, der Körpergröße
entsprechend:
Rüde 30–40 kg
Hündin 22–32 kg

1,80 m

Verhaltensprofil

Jeder Hund hat seinen eigenen Charakter, der teils durch seine Erfahrungen im frühen Welpenalter und später durch Sie geprägt wird. Vererbung ist der zweite wichtige Faktor; sie bestimmt die positiven und negativen Eigenschaften der jeweiligen Rasse. Seine beständige Beliebtheit verdankt der Schäferhund seinen guten Wesenseigenschaften.

Erziehbarkeit/Gehorsam

Schäferhunde sprechen auf die Erziehung sehr gut an und zeichnen sich durch große Treue und Folgsamkeit aus. Nur der Labrador-Retriever und der Australian Cattle Dog, zwei Rassen, die ebenfalls für die Arbeit unter der Anleitung des Menschen gezüchtet werden, gelten als noch leichter erziehbar.

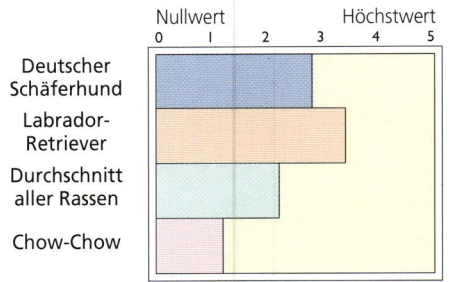

Spielen mit anderen Hunden

Obwohl der Schäferhund anderen Hunden gegenüber als leicht abweisend gilt, ist er verspielter als viele andere Rassen, und er genießt die freundliche Interaktion mit Artgenossen. Dank seinem lebhaften Wesen und seiner angeborenen Neugier ist er tatsächlich ein recht geselliger Vierbeiner.

Bellen zum Schutz des Hauses

Der aufgeweckte Schäferhund ist ein zuverlässiger Bewacher von Haus und Hof. Dackel, Lhasa Apso und Zwergpudel schlagen zwar ebensoviel an, aber der Schäferhund bringt obendrein seine abwehrbereite Präsenz ins Spiel. Nur der Australian Cattle Dog setzt Eindringlingen noch größeren Widerstand entgegen.

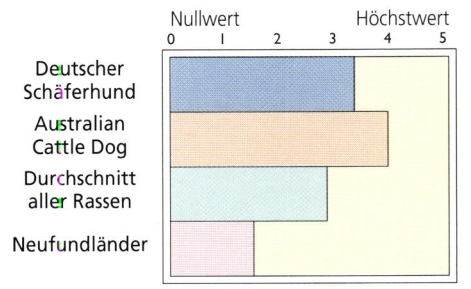

Bedarf an körperlicher Betätigung

Der Schäferhund, eine große, auf Gebrauchstüchtigkeit gezüchtete Rasse, gedeiht nur, wenn er sich körperlich und geistig betätigen kann. Nur beim Australian Kelpie und Cattle Dog und beim Chesapeake Bay Retriever ist dieses Bedürfnis noch größer; es wird allerdings durch frühe Erfahrungen noch stärker beeinflußt als durch die Vererbung.

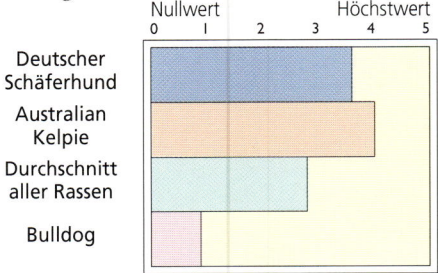

ERLÄUTERUNGEN ZU DEN VERHALTENSTABELLEN

In einer neueren Untersuchung haben erfahrene Tierärzte und Züchter auf einer Skala von 0 bis 5 spezifische Wesensmerkmale von mehr als 100 Hunderassen bewertet, wobei 0 den niedrigsten Wert aller Hunde und 5 den idealen Höchstwert bezeichnet. Hier werden acht verschiedene Verhaltensweisen des Deutschen Schäferhundes mit dem statistischen »Durchschnittshund« und mit der jeweils »besten« und »schlechtesten« Rasse verglichen. Man beachte, daß in dieser Erhebung weder das Geschlecht noch die Fellfarbe berücksichtigt sind.

Kinderfreundlichkeit

Schäferhunde verhalten sich fremden Kindern gegenüber ebenso brav wie der »Durchschnittshund«, kaum anders als der Shih Tzu und der Keeshond. Gleichwohl sollte stets ein Erwachsener zugegen sein, und Kinder, die geistig noch nicht reif genug sind, dürfen nie mit einem Hund allein gelassen werden.

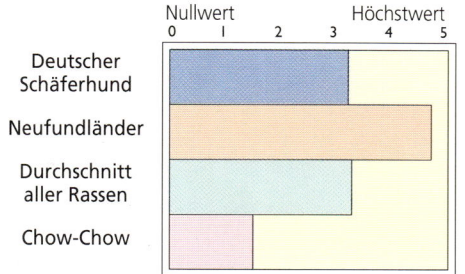

Gelassenheit in neuen Situationen

Was dieses stark genetisch bedingte Wesensmerkmal angeht, liegt der Schäferhund ein wenig unter dem Durchschnitt: in einer neuartigen Situation neigt er dazu, leicht nervös oder ängstlich zu werden, jedoch weniger stark als einige kleinere Rassen. Diese Schwäche läßt sich durch die selektive Zucht und eine behutsame Erziehung abmildern.

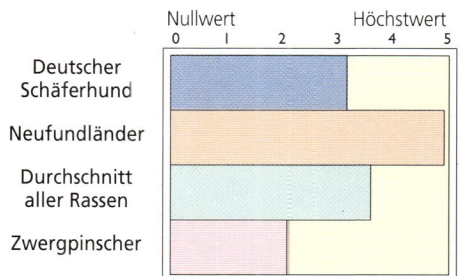

Fehlende Destruktivität

Was die Zerstörungslust alleingelassener Hunde betrifft, rangiert der Schäferhund etwas unter dem Durchschnitt, ungefähr gleichauf mit Dackel, Schnauzer und West Highland Terrier. Beim Schäferhund deutet das Kratzen an den Wänden, das Wühlen in Teppichen oder das Bellen während des Alleinseins gewöhnlich auf Angst oder Kummer hin.

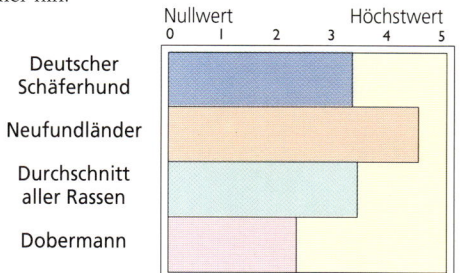

Stubenreinheit

Praktisch alle Hunde lassen sich recht gut zur Stubenreinheit erziehen, doch der Schäferhund und der Labrador-Retriever schneiden hier am besten ab – ein Zeichen dafür, daß die beiden Rassen besonders lernfähig und folgsam und ungewöhnlich willig und diensteifrig sind.

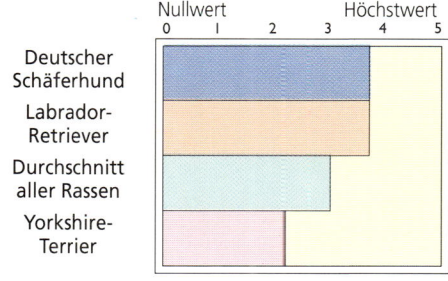

Fell und Farben

Der typische Deutsche Schäferhund ist schwarz mit rotbraunen oder gelben Abzeichen, doch er kann auch ganz schwarz, weiß oder dunkel gewolkt sein – mit schwarzer Spitzenfärbung auf Rotbraun, Gelb, Grau oder Silber. Weiße und langhaarige Tiere werden auf Ausstellungen mißbilligt. Kurioserweise scheint ein gewisser Zusammenhang zwischen Fellfarbe und Wesen zu bestehen.

FARBENVIELFALT

Der Begründer der modernen Schäferhundrasse, Max von Stephanitz, meinte zu Recht: »Kein guter Hund kann eine schlechte Farbe haben«. In der Praxis sind jedoch schwarz-rotbraune und schwarz-gelbe Tiere offenbar am beliebtesten, und alle Farben genießen den Vorzug vor Weiß. Farbenbedingte Wesensunterschiede sind minimal; Experten zufolge sind alle Schäferhunde gleich gut erziehbar, und keine Farbe prädestiniert zu Verhaltensschwächen wie Angstbellen oder Winseln um Aufmerksamkeit. Schwarze Tiere gelten als besonders anhängliche und ruhige Familienhunde – sie lassen sich lieber streicheln, sind weniger destruktiv, wenn sie allein gelassen werden, spielen lieber mit anderen Hunden und neigen weniger zum Ungehorsam. Weiße Exemplare sollen am nervösesten und unfolgsamsten sein, aber insgesamt zeichnet sich die Rasse durch hervorragende Charaktereigenschaften aus.

Wolfsfärbung
Schwarz gefärbte Haarspitzen kennzeichnen das dunkle Fell.

Schwarz und rotbraun, kurzhaarig
Die gut abgegrenzten, satten Abzeichen dieser Siegerhündin sind charakteristisch für die klassische schwarz-rotbraune Färbung des Deutschen Schäferhundes.

Wolfsfarben, langhaarig
Ein üppiges, langes Fell entspricht nicht dem Ausstellungsstandard, doch schön ist es trotzdem.

UNTERSCHIEDLICHE HAARLÄNGE

90 Prozent aller Schäferhunde werden mit dem normalen kurzhaarigen Fell (Stockhaar) geboren, das von den Züchtern bevorzugt wird. Doch viele Schäferhundfreunde haben eine Vorliebe für das üppige und elegante lange, lockere Haarkleid. Manche langhaarige Hunde besitzen keine Unterwolle, während andere sich ein dichtes Dunenhaar zulegen, das einen ausgezeichneten Wärmeschutz bildet, aber mehr Fellpflege erfordert. Während ein kurzes Fell leicht zu pflegen ist, können lange Haare leicht verfilzen und Schmutz oder im Winter dicke Schneeklumpen einfangen.

Schwarz und golden
Die kräftige goldgelbe Färbung verleiht diesem lockeren Fell einen warmen Ton.

Schwarzes Langhaarfell
Das üppige Fell dieses reinschwarzen Schäferhundes enthält viele lange, wuschelige Haarzotten.

Schwarz und rot-braun, langhaarig
Die Standardfärbung und das längere Haar ergeben eine reizvolle Mischung.

WEISSE SCHÄFERHUNDE

Weißes Kurzhaarfell
Die fast reinweiße Färbung wirkt ausgesprochen attraktiv.

Weiße Tiere werden in einigen Ländern zu Ausstellungen nicht zugelassen und in anderen mit saftigen Punktabzügen bestraft. Die fadenscheinige Begründung lautet, daß weiße Gebrauchshunde im Schnee schwer zu sehen oder beim Wachdienst in der Nacht zu leicht auszumachen sind. Deshalb wird die weiße Farbe von den meisten Züchtern gemieden und dementsprechend benachteiligt. Das ungewöhnliche Aussehen macht jedoch die weißen Schäferhunde als Hausgenossen besonders beliebt.

Langhaar
Cremetöne herrschen hier vor.

Geschlechts- und Typunterschiede

Abgesehen von den augenfälligen körperlichen Unterschieden weichen männliche und weibliche Schäferhunde auch im Wesen leicht voneinander ab. Spezielle »Typen«, die vorzugsweise für Gebrauchs- oder Ausstellungszwecke gezüchtet werden, können gleichfalls unterschiedlich sein. Doch allen gemeinsam ist das aufgeweckte, anpassungsfähige Naturell, das die Rasse so beliebt gemacht hat.

KÖRPERBAU UND WESEN: DIE GESCHLECHTER IM VERGLEICH

Schäferhundrüden sind in der Regel größer und kräftiger gebaut als Hündinnen und haben stärker ausgeprägte Körpermerkmale. Das Geschlecht hat auch einen gewissen Einfluß auf das Wesen: Rüden sind meist territorialer und unabhängiger als Hündinnen.

Der Kopf ist schmaler und kleiner als beim Rüden

Der Körper ist weniger massig und leichter, behält aber die gleichen Proportionen bei

Sanfte, folgsame Hündin

Hündinnen lassen sich im allgemeinen leichter erziehen als Rüden und sind auch weniger ungehorsam. Sie spielen außerdem meist lieber mit anderen Hunden, sind weniger zurückhaltend gegenüber Fremden und vielfach auch verschmuster. Durch Kastration läßt sich die Neigung zu übertriebener Anhänglichkeit zuweilen verringern.

Geschlechtsspezifische Krankheiten

Verschiedene Erkrankungen werden durch Geschlechtshormone ausgelöst oder beeinflußt. Hündinnen aller Rassen können, wenn sie nicht frühzeitig kastriert werden, an Gesäugekrebs und Gebärmutterinfektionen erkranken. Nichtkastrierte Rüden leiden zuweilen an Tumoren der Afterregion, Hodenkrebs oder Prostatabeschwerden. Die Kastration gehört zu den empfehlenswerten Maßnahmen bei allen geschlechtsbezogenen Krankheiten. Die nachfolgende Gewichtszunahme ist bei Schäferhunden ein untergeordnetes Problem.

Energischer, selbstbewußter Rüde

Männliche Schäferhunde zeigen durchweg ein stärkeres Territorialverhalten und sind Fremden gegenüber mißtrauischer als weibliche, aber im allgemeinen nicht so leicht erregbar und anlehnungsbedürftig. Sie geben sich oft reserviert und unabhängig, weshalb ihre Ausbildung mehr Erfahrung voraussetzt. Rüden aller Rassen neigen instinktiv dazu, andere Rüden zu dominieren.

Der Rüde hat ein größeres, schwereres Gebäude und einen breiteren Kopf als die Hündin

AUSSTELLUNGS- ODER GEBRAUCHSHUND?

Auf Schönheit gezüchtet

Bei vielen Schäferhunden ist das Zuchtziel die Übereinstimmung mit dem »Typ«, der auf Ausstellungen gefragt ist. »Typ« bezieht sich hier auf die Körperproportionen – das Verhältnis zwischen Rumpflänge und Schulterhöhe sowie zwischen Schnauzenlänge und Schädel. Da dies unterschiedlich interpretiert wird, haben sich die Ausstellungshunde in den verschiedenen Ländern unterschiedlich entwickelt und verändern sich auch weiterhin.

Dieser erfolgreiche Ausstellungshund präsentiert sich in der Standardposition

Der lange Rücken fällt in sanftem Schwung zum Schwanzansatz ab

Das kurzhaarige Fell gilt bei Ausstellungstieren als korrekt

Der Gebrauchshund ist zum Apportieren der Hantel abgerichtet worden

Das langhaarige Fell ist bei Gebrauchs- oder Familienhunden kein Nachteil

Zur Arbeit erzogen

Manche Schäferhunde, die für Schauzwecke gezüchtet werden, sind auch für Gebrauchsprüfungen ausgebildet, bei denen Gehorsam, Geschicklichkeit, Schnelligkeit und Spursicherheit getestet werden. Züchter hingegen, die sich auf gebrauchstüchtige »Typen« spezialisieren, wählen ihr Zuchtmaterial aus Tieren aus, die in diesen Fertigkeiten Vorzügliches leisten. Die Gebrauchstüchtigkeit hat hier Vorrang vor Schönheit.

ZUCHT FÜR SPEZIALAUFGABEN

Deutsche Schäferhunde, die für bestimmte Verwendungszwecke bestimmt sind, etwa für den Polizei- oder Wachdienst oder für Hilfsdienste bei Behinderten, werden auf die gewünschten Eigenschaften selektiv gezüchtet. Gesundheit und Wesensfestigkeit sind die wichtigste Voraussetzung. Ebenso achtet man darauf, daß die Hunde frei von Erbkrankheiten wie Hüftgelenksdysplasie sind und, was noch wichtiger ist, ein ausgeglichenes Temperament haben. Im Aussehen unterscheiden sich Schäferhunde für Spezialaufgaben oft vom »Typ« des hochgezüchteten Ausstellungshundes.

Die Wahl des richtigen Hundes

Wenn Sie sich für die Anschaffung eines Deutschen Schäferhundes entschieden haben, sollten Sie sich gründlich umschauen. Kaufen Sie nicht übereilt: Lassen Sie sich von Ihrem Tierarzt oder vom örtlichen Hundesportverein fachmännisch beraten, und treffen Sie Ihre Wahl unter Berücksichtigung dieser Ratschläge und Ihrer privaten Lebensumstände. Jeder Kauf sollte mit einer tierärztlichen Untersuchung gekoppelt sein.

WO MAN KAUFEN UND WORAUF MAN ACHTEN SOLL

Konsultieren Sie einen Tierarzt

Tierärzte und deren Mitarbeiter können Sie unvoreingenommen darüber informieren, worauf man bei einem gesunden Schäferhund achten sollte. Sie wissen, wo welche Gesundheitsprobleme oder Verhaltensstörungen gehäuft auftreten, und die Beratung ist in der Regel kostenlos.

Erkundigen Sie sich im Hundesportverein

Fragen Sie in einem solchen Verein nach, wo man einen leicht erziehbaren und ausgeglichenen Schäferhund erwerben kann. Hundeausbilder sind häufig in der Lage, einen bestimmten Züchter zu empfehlen. Nicht nur Geschlecht und Fellfarbe bestimmen das Wesen eines Hundes, sondern auch und vor allem die Zuchtlinie.

PASST DER HUND ZU IHREM LEBENSSTIL?

Wichtig ist, daß Sie einen Hund wählen, der jetzt und in absehbarer Zukunft zu Ihren Lebensgewohnheiten paßt. Ein Deutscher Schäferhund ist ein großer, lebhafter Hund, der viel Auslauf und geistige Anregung braucht. Wenn Sie die Rasse noch nicht kennen, sollten Sie sich mit Schäferhundhaltern über ihre Tiere unterhalten und sich eine Weile mit einem solchen Hund beschäftigen. Wenn Sie Familie haben, muß die Anschaffung einstimmig beschlossen werden. Machen Sie sich dann gemeinsam auf die Suche nach dem richtigen Hausgenossen.

Der Schäferhund ist ein vielgeliebter Hausgenosse, der fest in die Familie eingebunden ist

WELPE ODER AUSGEWACHSENER HUND?

Der Kauf eines reinrassigen Welpen

Welpen sind einfach unwiderstehlich, aber auch sehr munter und verlangen viel Zuwendung – machen Sie sich darauf gefaßt! Welpen kauft man am besten bei einem angesehenen Berufs- oder Amateurzüchter. Schauen Sie sich möglichst mehrere Würfe an, bevor Sie Ihre Wahl treffen, und überprüfen Sie das Aussehen und Wesen der Mutter und, wenn möglich, auch des Vaters. Widerstehen Sie der Versuchung, den erstbesten Welpen zu nehmen, der Ihnen ins Auge sticht.

Mit etwa 8 Wochen können die Welpen ihren Wurf verlassen

Tierheim

Tierheime haben stets Hunde abzugeben, die einen guten Platz suchen. Ein Tierheimhund mit einer traumatischen Vergangenheit leidet freilich häufig unter Verhaltensproblemen, vor allem unter der Angst vor dem Alleinsein. Solche Hunde brauchen oft einige Zeit, um sich im neuen Zuhause einzugewöhnen, können aber ungewöhnlich anhängliche und liebevolle Gefährten abgeben. Ein ausgewachsener Hund aus dem Tierheim ist eine gute Wahl, wenn Sie die Aussicht auf einen temperamentvollen Welpen abschreckt und Sie sich die mühselige Erziehung zur Stubenreinheit ersparen wollen. Da aber der Umgang mit unvorhersehbaren Wesensschwächen oft schwierig ist, sollten nur erfahrene Hundehalter einen »gebrauchten« Schäferhund erwerben.

GESUNDHEITSTEST FÜR IHREN NEUEN HUND

Die Inspektion der Ohren gehört zu einer gründlichen Untersuchung

Machen Sie jeden Kauf von der Bestätigung Ihres Tierarztes abhängig, daß der Hund gesund ist und keine Anzeichen von Infektionen, Fehlernährung und Parasiten aufweist. Der Züchter sollte durch Zeugnisse belegen, daß die Eltern des Welpen nicht mit Erbkrankheiten behaftet sind. Ist der Welpe beim Kauf nicht gesund, haben Sie Anspruch auf Erstattung oder Ersatz.

Meiden Sie »Welpenfabriken«

Kaufen Sie Ihrer Hund möglichst direkt bei einem Züchter. Meiden Sie Massenzuchtbetriebe, weil dort die Hundemütter tierunwürdig untergebracht sind und man sich kaum um die Gesundheit der Welpen kümmert. Hinter Zeitungsanzeigen verbergen sich oft solche »Welpenfabriken«; seien Sie mißtrauisch, wenn Sie in einem Privathaus nicht die Mutter des Wurfs zu sehen bekommen. Seien Sie auch bei Tierhandlungen vorsichtig; manche kaufen Welpen aus Massenzuchten ein.

Der neue Welpe

Ideal ist, wenn Sie Ihren Schäferhundwelpen von einem anerkannten Züchter erstehen, sobald der Kleine etwa 8 Wochen alt ist. Ältere Welpen und jungerwachsene Tiere gewöhnen sich meist schwerer in der neuen Umgebung ein. Bereiten Sie alles sorgfältig vor, um der Neuerwerbung die Umstellung tunlichst zu erleichtern.

DIE WAHL DES RICHTIGEN WELPEN

Besuch beim Züchter

Wenn Sie sich einen Wurf anschauen, sollten Sie darauf achten, wie sich die Welpen untereinander verhalten; einige benehmen sich vielleicht schüchtern, andere eher frech. Bedenken Sie, daß aus sehr selbstbewußten Welpen oft dominante adulte Hunde werden, die schwerer zu erziehen sind, während ein scheues Hundekind später unsicher und ängstlich werden kann – was bei Schäferhunden nicht selten vorkommt. Nach der Begutachtung der Wesenseigenschaften und der Entscheidung für eines der beiden Geschlechter wählen Sie einen Welpen aus, der einen aufgeweckten, intelligenten und gesunden Eindruck macht.

Ein gesunder Welpe fühlt sich fest an und ist erstaunlich schwer

Ein ausgeglichener Welpe ist entspannt und läßt sich gern anfassen

Ist er der Richtige?

Wenn Sie einen sehr jungen Welpen hochheben und halten, sollten Sie stets sein Hinterteil abstützen. Wählen Sie, wenn Sie sich mit Schäferhunden noch nicht auskennen, nicht den frechsten und selbstbewußtesten Welpen, denn der braucht eine erfahrene Hand. Nehmen Sie einen »Durchschnittswelpen«, der weder zu dreist noch übermäßig unterwürfig ist. Lassen Sie sich die Stammbäume der Eltern sowie die Gesundheitsbescheinigungen zeigen, aus denen hervorgeht, daß sie nicht mit den in dieser Rasse verbreiteten Erbdefekten, insbesondere Hüftgelenksdysplasie, belastet sind.

Die Hundeeltern

Verantwortungsbewußte Züchter sind stolz auf ihre Zuchttiere und zeigen Ihnen gern die Mutter des Wurfs, desgleichen den Vater, wenn er vorhanden ist. Aus dem Aussehen und Verhalten der Eltern können Sie ungefähr die Erwachsenengröße und den mutmaßlichen Charakter Ihres Welpen erschließen. Gewarnt sei vor Verkäufern, die Ihnen die Hundemutter nicht vorführen können; sie sind möglicherweise nicht die Züchter, sondern nur Agenten einer »Welpenfabrik«. Solide Züchter nehmen einen Welpen auch sofort wieder zurück, wenn Ihr Tierarzt dies für geboten hält.

EINGEWÖHNUNG IM NEUEN ZUHAUSE

In einer Drahtbox kann sich der Welpe behutsam mit der neuen Umgebung vertraut machen

Erste Bekanntschaft

Wenn Sie mit dem neuen Welpen nach Hause kommen, machen Sie ihn als erstes mit seiner eigenen sicheren »Höhle« vertraut – eine Drahtbox mit weicher Unterlage ist ideal. Die Box wirkt einladend, wenn Sie Leckerbissen oder Spielzeug hineinlegen und die Tür zunächst offenlassen. Wird die Tür geschlossen, kann ein bereits vorhandener Hund den Neuling gefahrlos inspizieren.

Die erste Nacht allein

Die erste Nacht, die der Welpe fern von seinen Wurfgeschwistern in der neuen Umgebung verbringen muß, ist stets besonders heikel. Geben Sie ihm zum Trost ein Kauspielzeug und stellen Sie, wenn Sie wollen, die Box in Ihr Schlafzimmer, damit der Kleine durch Ihre Gegenwart beruhigt wird. Reagieren Sie aber nicht auf seine Klagelaute, denn sonst erziehen Sie ihn unbewußt dazu, um Aufmerksamkeit zu winseln.

Der Welpe ist anfangs meist unruhig oder ängstlich

Süße Träume

Mit ein wenig Ausdauer bringen Sie den Welpen dazu, sich zu beruhigen und einzuschlafen. Stellen Sie in den allerersten Wochen nachts den Wekker, damit Sie rechtzeitig aufstehen, um den Kleinen zur Erledigung seines Geschäftchens hinausbringen zu können. Oder statten Sie die Box auf der einen Seite mit »Bettzeug« und auf der anderen mit Papier aus, das er beschmutzen darf. Ist er etwas älter geworden, sollte er außerhalb des Schlafzimmers übernachten.

Früherziehung

Sobald sich der Welpe eingewöhnt hat, können Sie behutsam mit der Gehorsam-keits- und Sauberkeitserziehung beginnen. Belohnen Sie Wohlverhalten mit Lob, Streicheleinheiten oder Leckerbissen. Geben Sie ihm Spielsachen, um ihn anzuregen und zu beschäftigen, und bringen Sie ihn regelmäßig mit anderen Hunden zusammen, damit sich sein Sozialverhalten normal entwickelt.

LERNEN MIT BELOHNUNGEN

Verbales Lob

Schäferhunde sind eifrige Schüler und lernen schnell. Selbst ein sehr junger Welpe ist empfäng-lich für den Ausdruck und Ton Ihrer Stimme und begreift bald, wenn Sie mit seinem Benehmen wirklich zufrieden sind. Begeisterte Lobesworte sollten stets mit anderen Formen der Belohnung einhergehen.

Die Berührung des Kopfes kann als Bedrohung empfunden wer-den; streicheln Sie lieber den Körper

Der Welpe weiß, daß er brav ge-wesen ist, wenn er »Guter Hund« hört

Streicheleinheiten

Berührung ist eine sehr wirksame Belohnung. Der Welpe möchte gern gestreichelt werden, doch erfüllen Sie ihm nicht immer diesen Wunsch. Verteilen Sie Streicheleinheiten für gutes Benehmen, so daß er den Körperkontakt mit Gehorsam assoziiert.

Erwerb sozialer Fertigkeiten

Das Lernvermögen eines Welpen ist in den ersten 3 Monaten am größten. Wenn man ihm in dieser Zeit ständigen Kontakt mit anderen Hunden versagt, wird Ihr Schäferhund vielleicht nie die sozialen Fertigkeiten lernen, die er später bei der Begegnung mit Artgenossen braucht. Wenn Sie keinen zweiten Hund haben, sollten Sie mit Ihrem Kleinen in eine Welpenschule gehen, wo er mit ge-sunden gleichaltrigen Hunden zusammen-kommt.

Leckerbissen eignen sich gut als Beloh-nung für Wohlver-halten

Futterbelohnung

Manche Schäferhunde konzentrieren sich so angestrengt auf ihre Umwelt, daß sie auf Futter-belohnungen nicht sofort reagieren. Finden Sie heraus, welche Leckerbissen Ihr Welpe am lieb-sten mag, und benutzen Sie diese, zusammen mit nachdrücklichem Lob, als Belohnung.

WELPENSPIELZEUG

Mit einem Kauspielzeug kann der Welpe seine Kiefermuskeln trainieren

Geeignetes Spiel- und Knabberzeug

Gutes Spielzeug fördert Ihren Welpen in körperlicher und geistiger Hinsicht. Schäferhunde können allerdings sehr besitzgierig sein, was ihre Spielsachen angeht, vor allem Quietschspielzeug. Lassen Sie deshalb Ihren Welpen zusehen, wenn Sie alle Spielsachen nach Gebrauch wegpacken, damit er begreift, daß sie Ihnen gehören.

Schaffen Sie nur einige wenige Spielsachen an, und zwar solche, die er gern jagt, fängt, apportiert oder beknabbert.

Spielzeug als Belohnung und Trost

Während herumliegende Spielsachen schnell langweilig werden, lassen sich solche, die Sie nur bei besonderen Anlässen hervorholen, in aufregende Belohnungen verwandeln. Verteilt man ausgewähltes Spielzeug als Prämie für gutes Benehmen, wird es zu einer sehr effizienten Erziehungshilfe. Wenn Sie Ihren Schäferhund, gleich in welchem Alter, allein lassen müssen, geben Sie ihm zum Trost unbedingt ein geliebtes Spielzeug.

ERZIEHUNG ZUR STUBENREINHEIT

Die Zeitungspapiermethode

Ihr Welpe möchte sich gewöhnlich nach dem Aufwachen, Fressen, Trinken oder Herumtoben erleichtern. Er zeigt das vielleicht dadurch an, daß er den Boden beschnüffelt. Bringen Sie ihn dann rasch in eine mit Zeitungspapier ausgelegte Ecke, und loben Sie ihn, wenn er Urin oder Kot abgesetzt hat. Es ist sinnlos, einen Welpen zu bestrafen, wenn er sich einmal vergessen hat. Erwischen Sie ihn in flagranti, sollten Sie jedoch mit Nachdruck »Nein!« oder »Pfui!« sagen, damit er lernt, das Papier zu benutzen.

Der Gang nach draußen

Fangen Sie so bald wie möglich damit an, den Welpen nach draußen zu bringen. Ein 3 Monate alter Hund muß seine Blase ungefähr alle 3 Stunden entleeren. Nehmen Sie ein beschmutztes Stückchen Papier mit; der Welpe riecht seinen Eigengeruch und wird dadurch ermuntert, sein Geschäft draußen zu erledigen. Wenn er dabei ist, sagen Sie »Mach schnell!«, denn so lernt er, sich auf dieses Kommando hin zu erleichtern.

Erkundung der Außenwelt

Welpen sollten die Welt außerhalb des Hauses möglichst früh kennenlernen. Sorgen Sie für die notwendigen Impfungen und Identifikationsmöglichkeiten, und gewöhnen Sie den jungen Schäferhund an Halsband und Leine. Schaffen Sie mit Hilfe von Freunden Situationen, in denen der Welpe unter kontrollierten Bedingungen neuen Menschen und anderen Hunden begegnen kann.

IDENTIFIKATION

Adreßanhänger
Adreßanhänger oder -hülsen enthalten die Anschrift und Telefonnummer des Hundehalters und eventuell wichtige Informationen über den Hund, die ihm das Leben retten können.

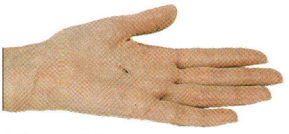

Microchip
Ein winziger, in Glas eingeschlossener Chip speichert alle notwendigen Daten. Er wird am Hals unmittelbar unter die Haut eingesetzt und kannt mit einem Handscanner gelesen werden.

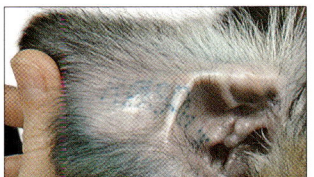

Ohrentätowierung
Eine Registriernummer wird schmerzlos in ein Innenohr eintätowiert. Sie ermöglicht dauerhaft eine genaue Identifizierung des Hundes. Diese Methode wird immer beliebter.

GEWÖHNUNG AN HALSBAND UND LEINE

1 Damit können Sie schon gleich nach dem Erwerb des Welpen beginnen. Lassen Sie den Hund das Halsband zunächst einmal betrachten und beriechen. Dann knien Sie unter Vermeidung des Blickkontakts nieder und streifen das Halsband mit ablenkenden Worten über. Belohnen Sie den Welpen mit Leckerbissen, Streicheln und Lobesworten. Spielen Sie eine Weile mit ihm, und nehmen Sie dann das Halsband wieder ab. Er lernt schnell, das Halsband mit Belohnung in Verbindung zu bringen, und wird es bald ohne Widerwillen akzeptieren.

Legen Sie ein leichtes, bequemes Halsband an, indem Sie den Welpen mit Worten, Leckerbissen oder einem Spielzeug ablenken

2 Sobald sich der Welpe mit dem Halsband abgefunden hat, knien Sie vor ihm hin und befestigen die Leine. Lassen Sie die Leine schlaff hängen, und locken Sie den Hund mit einem Spielzeug oder Futterhappen. Sobald er sich auf die Belohnung zubewegt, ziehen Sie die Leine ein wenig straff. Überlassen Sie ihm das Spielzeug oder Häppchen, und loben Sie ihn ausgiebig.

Der Welpe wird durch das Spielzeug dafür belohnt, daß er die Leine und den leichten Zug an ihr hingenommen hat

BEGEGNUNG MIT FREMDEN

Arrangieren Sie mit einem tierlieben Freund ein Zusammentreffen im Freien mit Ihnen und Ihrem Hund. Bitten Sie den Freund, bei der Begrüßung des Welpen niederzuknien, damit dieser nicht an ihm hochspringt. Der Helfer sollte auch den direkten Blickkontakt vermeiden, der eine Angstreaktion auslösen könnte – nicht ungewöhnlich bei Schäferhunden. Schließlich sollte er Ihrem Welpen ein Lieblingshäppchen reichen, als Belohnung für sein braves Benehmen.

Der Welpe springt nicht hoch, wenn man niederkniet, statt sich über ihn zu beugen

LEBENSWICHTIGE GRUNDIMMUNISIERUNG

Der Tierarzt impft den neuangeschafften Welpen gegen verschiedene ansteckende Krankheiten, und als zusätzlichen Schutz empfiehlt er vielleicht, daß sich der Kleine ein paar Wochen lang von fremden Hunden fernhält. Der Kontakt mit nachweislich gesunden Hunden kann jedoch aufrechterhalten bleiben.

ZUSAMMENTREFFEN MIT ANDEREN HUNDEN

Bitten Sie einen Freund, der einen braven Hund hat, auf einem Spaziergang mit Ihnen zusammenzutreffen. Der andere Hund sollte sich hinsetzen, wenn Sie mit Ihrem Welpen vorbeigehen. Belohnen Sie Ihren Welpen für sein Wohlverhalten mit Leckerbissen und Lob. Wenn Sie keinen Hundebesitzer im Freundeskreis haben, helfen Ihnen sicherlich auch andere Hundehalter gern bei dieser Übung. Dadurch lernt Ihr Welpe schnell, daß er vor anderen Hunden keine Angst zu haben braucht. Interaktionen mit ungefähr gleichaltrigen Welpen fördern ebenfalls die Entwicklung der sozialen Fertigkeiten.

Leinen Sie den Welpen stets an, damit Sie ihn unter Kontrolle behalten

Der wohlerzogene adulte Hund bleibt auf Befehl ruhig sitzen, ohne den Welpen zu provozieren

Der Welpe zeigt Interesse an dem fremden Hund, aber keine Angst

Erste Übungen

Die frühen Erfahrungen des Welpen prägen das spätere Leben. Bringen Sie dem jungen Schäferhund schon in den ersten Tagen bei, daß er sich damit abfindet, allein gelassen zu werden und geduldig in seiner Box zu warten, wenn Sie anderweitig beschäftigt sind, und daß er begreift, was richtig und falsch ist. Vor allem soll er gern zu Ihnen kommen, wenn Sie ihn rufen.

DAS ALLEINSEIN LERNEN

Auch wenn Sie sich noch so gern mit Ihrem Welpen beschäftigen, so müssen Sie ihn doch hin und wieder allein lassen. Bringen Sie ihm bei, daß dies etwas ganz Normales ist, indem Sie ihn in seine Box setzen und ihm ein interessantes Spielzeug geben, mit dem er sich ausgiebig beschäftigen kann. Gehen Sie dann leise weg, und signalisieren Sie ihm das Kommando »Warte!«. Gewöhnen Sie Ihren Hund nach und nach daran, längere Zeit allein zu bleiben.

Der Welpe fühlt sich in seiner Box wohl, weil er mit seinem Lieblingsspielzeug belohnt worden ist

Herrchen entfernt sich ruhig und gibt dem Welpen mit erhobener Hand ein Zeichen, das er schon bald als den Befehl »Warte!« begreift

UNTERSCHEIDUNG ZWISCHEN GUTEM UND SCHLECHTEM BENEHMEN

Ohne Erziehung folgt der Welpe einfach seinen natürlichen Instinkten. Erwünschtes Verhalten muß ihm durch Belohnung guter und Mißbilligung schlechter Manieren beigebracht werden. Schäferhunde sind besonders empfänglich für den Ton der menschlichen Stimme, und ein strenges »Nein!« ist für sie eine kräftige Ermahnung. Um erhebliches Fehlverhalten zu bestrafen, packen Sie fest, doch ohne Schmerzen zu verursachen, das Nackenfell des Welpen; auf gleiche Weise würde ihm die Hundemutter Disziplin beibringen.

Mehrere Welpen?

Wenn Sie mehrere Welpen haben, sollten Sie sie individuell erziehen. Es ist selbst für einen erfahrenen Hundeausbilder schwierig, bei mehreren lebhaften Welpen die Konzentration aufrechtzuerhalten!

KOMMEN AUF BEFEHL

1 Aus Sicherheitsgründen muß Ihr Welpe lernen, stets auf Ihren Befehl hin zurückzukommen. Gestalten Sie die Übung positiv mit Belohnungen; rufen Sie den Welpen nie herbei, um ihn zu bestrafen, denn sonst würde er die Rückkehr mit Ihrem Tadel assoziieren. Sobald er sich an Halsband und Leine gewöhnt hat, legen Sie ihm beides an, und knien Sie ein Stück von ihm entfernt auf den Boden, wobei Sie die Leine unter einem Knie festklemmen. Halten Sie ein Kauspielzeug oder ein verlockend duftendes Spielzeug bereit, das er besser erkennen kann als ein Belohnungshäppchen.

Mit dem verführerischen Spielzeug macht die Übung dem Hund Spaß

Ein Welpe läßt sich leicht ablenken und kann Sie anfangs ignorieren

2 Rufen Sie mit klarer, freundlicher Stimme den Welpen beim Namen, um seine Aufmerksamkeit zu erregen. Wenn er Ihnen den Kopf zuwendet, sagen Sie »Komm!« und wedeln lockend mit dem Spielzeug. Ziehen Sie den Welpen nicht zu sich heran, sondern ermuntern Sie ihn, freiwillig zurückzukommen, um sich die Belohnung zu holen.

Auf den Ruf hin dreht sich der Welpe um und erblickt das Spielzeug

Der aufgestellte Schwanz zeigt an, daß der Welpe jetzt aufmerksam und gehorsamsbereit ist

3 Empfangen Sie den Welpen mit offenen Armen. Schon aus Neugier wird er auf Sie zukommen. Sobald er sich in Bewegung setzt, sagen Sie mit Begeisterung in der Stimme »Braver Hund!«. Ist er bei Ihnen, wird er mit dem Spielzeug belohnt. Wenn Sie ihm bei den Rückkehrübungen stets Ihre Zuneigung zeigen, folgt er schon deshalb, weil er bei Ihnen sein möchte.

»Komm!« – »Sitz!« – »Platz!« – »Bleib!«

Dem Welpen beizubringen, zu kommen, sich hinzusetzen, sich hinzulegen und zu bleiben, ist sehr wichtig, nicht nur für die Sicherheit Ihres Hundes, sondern auch für ein harmonisches Verhältnis zu Ihrer Familie, Ihren Freunden und zur Außenwelt. Als Rasse spricht der Schäferhund auf das Grundgehorsamkeitstraining ungewöhnlich gut an.

»KOMM!« UND »SITZ!«

Halten Sie bei der Übung den Blickkontakt mit dem Welpen aufrecht

1 Üben Sie möglichst in einem ruhigen, engen Raum, etwa in der Diele, wo es keine Ablenkungen gibt. Halten Sie den Welpen an der lockeren Leine, rufen Sie fröhlich seinen Namen, und zeigen Sie ihm, daß Sie einen Leckerbissen in der Hand halten. Sobald er sich zu bewegen beginnt, befehlen Sie »Komm!«. Während der Welpe auf Sie zukommt, loben Sie ihn mit den Worten »Braver Hund!«.

Die schlaff hängende Leine kann sanft angezogen werden, damit der Welpe folgt

2 Sobald der Welpe bei Ihnen ist, halten Sie den Leckerbissen über seinen Kopf. Um das Futter im Auge zu behalten, wird er notgedrungen still sitzen. Dabei geben Sie das Kommando »Sitz!« und verabreichen sofort den Leckerbissen. Wiederholen Sie die Übung so oft, bis der Welpe allein auf Worte reagiert.

Reichen Sie die Belohnung ruhig, um allzu große Aufregung zu vermeiden

Der abgestreckte Schwanz bedeutet, daß der Welpe weder eingeschüchtert noch ängstlich ist

Der Welpe streckt sich auf dem Boden aus, um den Leckerbissen in Empfang zu nehmen

Der unfolgsame Welpe

Manche Schäferhunde sind an Futterbelohnungen einfach nicht interessiert. Füttern Sie während der Übungsphase weniger, aber größere Portionen, damit der Appetit angeregt wird. Wenn das nicht hilft, verwenden Sie als Belohnung ein begehrtes Kauspielzeug. Da Welpen sich leicht ablenken lassen, sollten Sie zuerst in einem ruhigen Innenraum trainieren, bevor Sie nach draußen gehen, wo es mehr Ablenkungen für einen lebhaften und neugierigen Hund gibt. Üben Sie nur zweimal täglich wenige Minuten lang, wenn Sie und Ihr Welpe wirklich munter sind. Bei einem eigenwilligen Welpen benutzen Sie eine Leine, um ihn zum Gehorsam zu bewegen.

HINLEGEN

1 Knien Sie neben dem sitzenden Hund hin, packen Sie ihn mit einer Hand am Halsband, und halten Sie ihm einen Leckerbissen vor die Nase. Wenn der Welpe nicht sitzen bleiben oder aufspringen will, drücken Sie mit der freien Hand sein Hinterteil nach unten und befehlen »Sitz!«.

2 Bewegen Sie den Happen bogenförmig auf und ab, und ziehen Sie den Welpen zu sich heran, während er dem Futter mit der Nase folgt. Sobald er sich hinlegen will, geben Sie das Kommando »Platz!«. Weigert er sich, heben Sie behutsam die Vorderpfoten zu einer Bettelhaltung an; dann lassen Sie ihn hinunter, und belohnen seinen Gehorsam stets mit Lob.

3 Während Sie noch immer das Halsband festhalten, bewegen Sie den Leckerbissen weiterhin auf und ab, bis sich der Welpe ganz flach ausstreckt. Dann wird er mit dem Leckerbissen und Lobesworten belohnt. Loben Sie ihn aber nicht übermäßig, denn das könnte den jungen Schäferhund in Erregung versetzen und wäre kontraproduktiv.

Die Leine ist sicherheitshalber unter dem Knie eingeklemmt

LIEGENBLEIBEN

Nachdem der Welpe sich hingelegt hat, geben Sie den Befehl »Bleib!«. Indem Sie die Leine locker in der Hand halten und den Blickkontakt aufrechterhalten, stehen Sie auf und stellen sich vor ihn. Dabei wiederholen Sie »Bleib!«. Verwenden Sie keine Futterbelohnung, sondern eine Handbewegung; sie wird zu einem erlernten optischen Signal. Die Befolgung des »Bleib!«-Kommandos ist wichtig in potentiell gefährlichen Situationen.

Dehnen Sie das »Bleib!« nach und nach auf Minuten aus

Gehen bei Fuß

Ein ausgewachsener Schäferhund, der frei herumläuft oder an seiner Leine zerrt, wird von manchen Leuten als bedrohlich empfunden, während ein gesitteter Schäferhund, der bei Fuß geht, die beste Empfehlung für diese prachtvolle Rasse darstellt. Manche Welpen üben das Bei-Fuß-Gehen anfangs am besten ohne Leine, andere kommen von Anfang an gut mit einer Leine zurecht.

GEHEN BEI FUSS OHNE LEINE

1 Knien Sie rechts neben Ihrem aufmerksamen sitzenden Welpen. Halten Sie das Halsband mit der linken Hand, rufen Sie seinen Namen, und zeigen Sie ihm einen Leckerbissen mit der anderen Hand.

2 Indem Sie den Welpen mit dem Geruch des Futters anlocken, gehen Sie geradeaus und geben dabei den Befehl »Bei Fuß!«. Greifen Sie das Halsband mit der linken Hand, sobald der Kleine sich selbständig machen will. Wenn Sie anhalten, befehlen Sie »Steh!«. Der Hund sollte die Sequenz »Sitz!«, »Bei Fuß!« und »Steh!« beherrschen, bevor Sie zu Rechts- und Linkswendungen übergehen.

Der Welpe folgt eifrig dem Leckerbissen; es geht auch mit einem Lieblingsspielzeug

3 Während Sie den Leckerbissen tief halten, um das Hochspringen zu unterbinden, beugen Sie etwas die Knie und wenden sich nach rechts; dabei beschreibt auch das Futter eine Kehre. Wiederholen Sie das Kommando »Bei Fuß!«. Der Welpe wird sich beeilen, um Sie zu umrunden.

Bringen Sie dem Welpen bei, sich dicht an Ihr Bein zu halten

4 Linkswendungen sind etwas schwieriger. Halten Sie das Halsband mit der Linken, und befehlen Sie »Langsam!«. Halten Sie Ihrem Hund den Leckerbissen dicht vor die Schnauze, und wenden Sie sich dann nach links. Der Welpe wird Ihnen folgen.

Bei der Verfolgung des Happens wendet sich der Welpe nach links

BEI-FUSS-GEHEN AN DER LEINE

1 Während der angeleinte Welpe links von Ihnen sitzt, halten Sie die Leine und einen Leckerbissen in der rechten Hand, und fassen Sie die Leine mit der linken kurz. Geben Sie den Befehl »Sitz!«.

Der Welpe blickt sein Herrchen gespannt an

Halten Sie den Blickkontakt aufrecht, während der Welpe auf den nächsten Befehl wartet

2 Bewegen Sie sich auf dem linken Fuß vorwärts, wobei Sie »Bei Fuß!« befehlen. Wenn der Welpe zu weit vorausläuft, geben Sie der Leine einen raschen, leichten Ruck, um ihn zurückzuziehen.

3 Geht der Welpe neben Ihnen bei Fuß, belohnen Sie ihn und sagen Sie »Braver Hund!«. Wiederholen Sie das Kommando »Sitz«, und loben Sie den Hund, wenn er gehorcht.

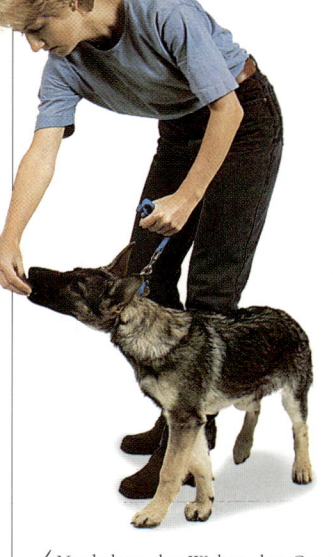

4 Nachdem der Welpe das Geradeausgehen bei Fuß gelernt hat, bringen Sie ihm die Rechtswendung bei, indem Sie ihn mit dem Leckerbissen locken. Hat er das Interesse verloren, verschieben Sie die Übung auf später.

5 Sobald die Rechtswendung sitzt, beginnen Sie mit der Einübung der Linksdrehung. Halten Sie dem Welpen den Leckerbissen vor die Nase, während Sie Ihre eigene Linksdrehung beschleunigen. Halten Sie den Hund dicht neben Ihrem linken Bein, und geben Sie das Kommando »Langsam!«, wenn er Ihre Drehung mitmacht.

Der Welpe wird langsamer, während er sich auf die Futterbelohnung konzentriert

Ausbildung im Haus

Deutsche Schäferhunde lieben zwar das Leben im Freien, aber Ihr Hund wird wahrscheinlich sehr viel Zeit mit Ihnen im Haus zubringen. Sorgen Sie dafür, daß er die elementaren »Hausregeln« befolgt, und weisen Sie ihm ein privates Plätzchen an, wohin er sich zurückziehen kann. Widmen Sie ihm ausreichend Zeit und Aufmerksamkeit, doch stets zu Ihren Bedingungen.

GEDULDIGES WARTEN MUSS GELERNT WERDEN

Ihr Schäferhund muß begreifen, daß Sie der Rudelführer sind und daß Sie entscheiden, was wann geschieht. Reagieren Sie nicht auf sein Betteln um Aufmerksamkeit, und überlassen Sie ihm nicht die Initiative. Jeder Hund braucht ein privates Refugium – ein Bettchen oder einen Korb, den er sein eigen nennen darf. Er muß lernen, sich willig in seine »Höhle« zurückzuziehen, wenn Sie sich ausruhen oder im Haus beschäftigt sind.

Eine steppdeckenähnliche Unterlage ist bequem und groß genug, so daß sich der ausgewachsene Hund voll ausstrecken kann

Der Hund beknabbert ein Spielzeug, ohne sein Frauchen zu stören

SINNVOLL VERBRACHTE ZEIT

Die Festigung der Bindung zwischen Ihnen und Ihrem Hund ist nicht nur eine Freude, sondern auch eine wichtige Voraussetzung für die Gehorsamkeitserziehung. Lassen Sie sich jeden Tag etwas Zeit für das Spiel mit Ihrem Hund in der Wohnung. Variieren Sie den Zeitpunkt und die Form des Spiels, denn sonst erwartet er zu einer bestimmten Zeit eine bestimmte Spielaktivität. Packen Sie die Spielsachen nach der Spielstunde weg; so wird ihr Auftauchen beim nächsten Mal noch aufregender für ihn.

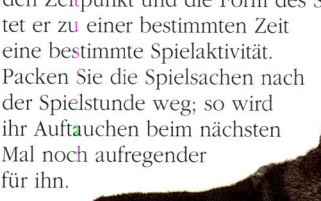

Spiele erhalten Ihren Hund fröhlich und aufmerksam und sind ein Vergnügen für beide Beteiligte

*Drücken Sie mit Ihrer
Körperhaltung und mit
Worten Ihre Unzufrie-
denheit aus*

RICHTIG ODER FALSCH?

Kein Hund weiß von sich aus, was erlaubt ist und was
nicht. Auf einem bequemen Sofa zu liegen ist beispielsweise für Ihren Schäferhund die natürlichste Sache der
Welt. Solch unerwünschtes Verhalten muß sofort getadelt
werden, damit der Hund versteht, was genau er falsch gemacht hat. Übertreiben Sie ein wenig, indem
Sie eine Imponierhaltung einnehmen
und mit strenger Stimme sprechen;
dann erkennt der Hund sehr
schnell, was Sie von ihm wollen.

AUSLASSEN VON VERBOTENEN GEGENSTÄNDEN

Weibliche Schäferhunde eignen sich besonders gern
verlockende Gegenstände an und schleppen sie
zu ihrem Lagerplatz, aber auch Rüden stibitzen
zuweilen nach Futter riechende Dinge, etwa
Küchentücher. Bringen Sie Ihrem Hund mit
Hilfe von Leckerbissen bei, verbotene
Gegenstände auf Kommando
auszulassen und wieder
herzugeben.

WOHLVERHALTEN GEGENÜBER BESUCHERN

Schäferhunde neigen dazu, abwehrbereit zu bellen und im
Haus zu »patrouillieren«. Manche versuchen sogar, Besucher
einzuschüchtern, indem sie sie anspringen oder anknur-
ren. Bringen Sie Ihrem Hund bei, in einiger Distanz
still zu sitzen, wenn Gäste anwesend sind, damit
er seinen Beschützer- und Territorialtrieb unter-
drückt. Bitten Sie Ihre Gäste, den Hund zunächst zu ignorieren und einen direkten
Blickkontakt zu vermeiden; das trägt zur
Entspannung bei. Ist Ihr Schäferhund besonders bellfreudig, muß er lernen, auf
Kommando zu schweigen. Belohnen
Sie Wohlverhalten stets mit freund-
lichen Worten, einer Streichelein-
heit oder einem Leckerbissen.

Außerhalb des Hauses

Ob im Garten oder weiter draußen im Freien – Ihr Schäferhund muß immer sicher unter Kontrolle gehalten werden, sowohl zu seinem eigenen Schutz als auch zur Sicherheit anderer Leute. Es ist wichtig, daß Sie Ihrem Liebling eine hundegerechte, behagliche Unterkunft bieten und daß Sie sich draußen verantwortungsbewußt verhalten.

HUNDEHÜTTE UND FREIRAUM

Behagliche Hundehütte

Wenn Sie Ihren Hund in einer Hütte oder einem Zwinger unterbringen wollen, müssen Sie ihn früh damit vertraut machen. Das Häuschen sollte »beißfest« und gut isoliert sein. Es soll ein gemütlicher Schutzraum sein, aber das Tier darf nicht endlos allein eingesperrt bleiben.

Sauberer, geräumiger Auslauf

Ein eingefriedeter Auslauf rings um die Hütte eignet sich sehr gut für mehrere Hunde, die hier frische Luft und einen beschränkten Auslauf genießen können. Schäferhunde verfügen allerdings über viel Energie und müssen deshalb außerhalb dieses Geheges herumtollen dürfen.

KONTROLLE IM FREIEN

Halsband mit Würgekette

Die meisten Hunde reagieren sehr gut auf ein solches Halsband. Legen Sie es so an, daß das weiche Gewebe die Hundekehle umschließt und die Kette auf dem Nacken sitzt. Bei einem Ruck an der Leine zieht sich das Band zusammen, und man hat den Hund sicher im Griff, ohne daß man ihm weh tut.

Kopfgeschirr

Ein Kopfgeschirr ist eine gute Hilfe bei eigensinnigen Hunden. Achten Sie darauf, daß es bequem auf der Schnauze aufliegt. Wenn Ihr Schäferhund nach vorne drängt, zieht sich die Leinenhalterung zusammen, wodurch der Kopf nach unten gedrückt und der Fang geschlossen wird.

Maulkorb

Legen Sie einen Maulkorb an, wenn es die örtlichen Vorschriften verlangen oder wenn Ihr Hund am Beißen gehindert werden soll. Wählen Sie einen Korb in der richtigen Größe, und passen Sie ihn so an, daß der Hund frei atmen und auch bellen kann.

KETTENWÜRGER

1 Um einen Kettenwür-
ger korrekt anzulegen,
halten Sie ihn wie gezeigt
kreisförmig offen, und
streifen Sie ihn dann
dem Hund um den Hals.

2 Die Kette darf sich nur
straffen, wenn an der Leine
geruckt wird. Ist sie falsch
herum angelegt oder
geht der Hund
nicht an Ihrer lin-
ken Seite, lockert
sich die Kette nicht
bei nachlassendem Zug.

Tadel stets sofort erteilen!

Schäferhunde sind lebhafte, neugierige Tiere, die unbeaufsichtigt weiter umherstreifen, als Ihnen lieb ist. Beginnt
Ihr Hund beispielsweise wild zu graben, müssen Sie ihn
sofort tadeln, damit er einsieht, weshalb Sie böse sind. In
einem solchen Fall lassen Sie ihn
sich hinlegen, und brechen Sie
jedes Spiel ab; sind Sie
draußen im Gelände,
kehren Sie unverzüg-
lich heim. Vor allem
bei jungen Schäfer-
hundrüden muß die
Gehorsamkeitserzie-
hung ganz konse-
quent durchgeführt
werden.

DIE PLANUNG EINES SICHEREN GARTENS

Das größte Risiko im Garten besteht darin,
daß der Hund ausreißt. Prüfen Sie nach, ob der
Zaun stabil, das Tor abgeschlossen und die
Hecke dicht genug ist. Bringen Sie überall dort,
wo es nötig ist, Maschendraht an. Schließen Sie
alle Gartenchemikalien weg, und achten Sie bei
der Gartenbeleuchtung darauf, daß keine
Leitungen offen liegen und benagt werden

können. Zur Schonung des Rasens weisen Sie
dem Hund einen bestimmten Platz als Toilette
an. Alle Abfälle und Gartengeräte müssen außer
Reichweite sein, und verzichten Sie auf Pflanzen,
die für Ihren Hund giftig sein könnten. Passen
Sie auf, daß er einem brennenden Gartengrill
nicht zu nahe kommt, und decken Sie gegebe-
nenfalls den Teich ab.

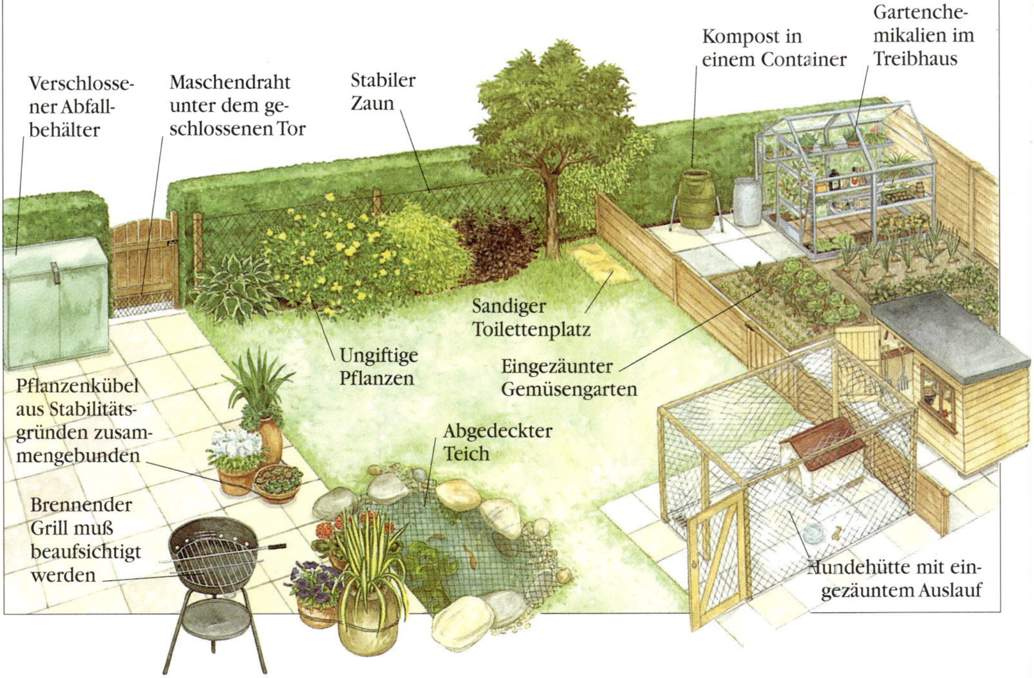

Verschlosse-
ner Abfall-
behälter

Maschendraht
unter dem ge-
schlossenen Tor

Stabiler
Zaun

Kompost in
einem Container

Gartenche-
mikalien im
Treibhaus

Pflanzenkübel
aus Stabilitäts-
gründen zusam-
mengebunden

Brennender
Grill muß
beaufsichtigt
werden

Ungiftige
Pflanzen

Abgedeckter
Teich

Sandiger
Toilettenplatz

Eingezäunter
Gemüsengarten

Hundehütte mit ein-
gezäuntem Auslauf

Reisen und Hundepensionen

Bei richtiger Vorsorge wird Ihr Schäferhund Sie gerne auf Autofahrten und Urlaubsreisen begleiten. Machen Sie ihn so früh wie möglich mit dem Autofahren vertraut, und sorgen Sie dafür, daß er sich auf der Fahrt sicher und geborgen fühlt. Überwachen Sie ihn in jeder neuen Umgebung, und bringen Sie ihn in Ihrer Abwesenheit gut unter.

GUTE HUNDEPENSIONEN

Wollen Sie ohne Ihren Hund Urlaub machen, erkundigen Sie sich vorher nach guten Hundepensionen. Suchen Sie verschiedene Pensionen auf, und überprüfen Sie die Sauberkeit und Sicherheit der Anlagen. Fragen Sie, wie oft man täglich Ihren Vierbeiner ausführt und spielen läßt, und vergewissern Sie sich, daß das Personal zuverlässig ist. Hunde, die früh an die Zwingerhaltung gewöhnt sind, finden sich mit wiederholten Aufenthalten in einer Pension leichter ab. Achten Sie auf ausreichenden Impfschutz!

»HUNDESITTER«

Vor allem in städtischen Regionen sind Hausbetreuer, die auch als »Hundesitter« fungieren, eine Alternative zur Hundepension. Erkundigen Sie sich bei Ihrem Tierarzt nach zuverlässigen Personen, die in Ihrer Abwesenheit Haus und Hund betreuen könnten. Schreiben Sie stets dem »Hundesitter« auf, was er bei Ihrem Hund zu beachten hat und was in einem Notfall zu unternehmen ist.

Bei einem »Hundesitter« genießt Ihr Liebling den häuslichen Komfort in vollen Zügen

NEHMEN SIE RÜCKSICHT AUF ANDERE

Die örtlichen Vorschriften für Hundehalter sind verschieden. Beachten Sie die Anschläge, und leinen Sie Ihren Hund an oder legen Sie ihm einen Maulkorb an, wenn es verlangt wird. Führen Sie ein paar Plastiktüten mit, damit Sie hinter Ihrem Hund saubermachen können. Nie darf Ihr Vierbeiner anderen zur Last fallen!

SICHERHEIT BEI AUTOFAHRTEN

Transportbox im Kofferraum

Hundeexperten befördern ihre Tiere am liebsten
in Transportboxen. Diese sind geräumig und sicher
und schützen den Wagen vor Hundehaaren und Knab-
berschäden. Gewöhnen Sie Ihren Schäferhund schon
im Welpenalter an seine Drahtbox, die in der Wohnung
für ihn Schlaf- und Spielplatz ist. Wird dann die Box
als Transportbehälter verwendet, gibt sich der Hund
unterwegs ganz entspannt und fröhlich. Halten Sie auf
längeren Fahrten regelmäßig an, damit er sich etwas
bewegen, trinken und sein Geschäft erledigen kann.

Sicherheitsgurt für Hunde

Bei einem Unfall ist Ihr Hund genauso gefährdet
wie Sie selber. Er ist auf dem Rücksitz sicher
untergebracht, wenn er mit einem speziell für
Hunde entwickelten Brustgeschirr angeschnallt
wird. Er hat dann genügend Bewegungsfreiheit,
bleibt aber ständig unter Kontrolle und kann
den Fahrer nicht ablenken. Für Kombifahrzeuge
empfiehlt sich die Anbringung eines stabilen
Hundeschutzgitters oder -netzes.

REVIERVERTEIDIGUNG

Schäferhunde sind territorial, und ein Auto ist für sie wie eine
natürliche »Höhle«, die es zu verteidigen gilt. Sitzt Ihr Hund im
Wagen, werden Autodiebe im allgemeinen zuverlässig ab-
geschreckt, doch er neigt manchmal
auch dazu, harmlose Passanten an-
zuknurren oder gar zu beißen. Wenn
Ihr Hund solche Aggressionen zeigt
oder anhaltend bellt, sollten Sie
Sonnenblenden als Sichtschutz an-
bringen, oder Sie setzen sich zu
ihm und üben mit ihm. Wichtig:
Lassen Sie Ihren Hund niemals bei
heißem Wetter – auch nicht bei
leicht geöffneten Fenstern – oder im
Winter bei eingeschalteter Heizung allein im Wagen zurück, denn wegen seines dunklen
Fells ist der Schäferhund besonders anfällig für Hitzschlag.

Konstruktive Spiele

Deutsche Schäferhunde müssen sich ausgiebig körperlich betätigen können, doch geistige Anregungen sind ebenso wichtig. Erfinden Sie Aktivitäten, bei denen die Energie und die hervorragende Abrichtbarkeit der Rasse am besten genutzt werden. Verwenden Sie die Spielstunden dazu, die Grundausbildung zu intensivieren, Ihre Bindung an den Hund zu festigen und einfach sich und ihm Vergnügen zu bereiten.

APPORTIEREN AUF BEFEHL

Schäferhunde werden zwar nicht speziell auf Apportiervermögen gezüchtet, aber Sie können Ihrem Hund leicht beibringen, jeden beliebigen Gegenstand zu holen. Mit lobenden Worten zeigen Sie ihm, einen Gegenstand aufzuheben und festzuhalten. Der nächste Schritt ist das Erlernen des Befehls »Hol!«, wobei der Hund weggeschickt wird, um den Gegenstand zu apportieren; darauf folgt das Kommando »Komm!«. Benutzen Sie dazu anfangs eine Leine, und machen Sie dem Hund stets klar, was genau er holen soll.

»SPRICH!« UND »STILL!«

Beugen Sie »Bellproblemen« vor, indem Sie Ihrem Hund mit Hilfe von Futter- oder Spielzeugbelohnungen beibringen, auf Befehl zu »sprechen«. Sobald er das Bellen auf Befehl gelernt hat, kann er auch lernen, sich still zu verhalten, wenn er das Wort »Still!« hört. Dieses nützliche »Spiel« trägt zum häuslichen Frieden bei, und macht es möglich, das Bellen des Wachhundes nach Wunsch ein- und abzuschalten.

KLEINES KUNSTSTÜCK

Körperspiele sind für Ihren Hund am aufregendsten, und selbst das Spiel »Toter Hund« macht ihm Spaß, wenn er mit Leckerbissen, Herumtollen oder Lob belohnt wird. Dieses unterhaltsame Kunststückchen schließt sich an das Kommando »Platz!« an; dabei liegt der Hund wie tot da, bis Sie ihn durch das Wörtchen »Gut!« erlösen.

Der Hund bricht auf das Signal »Bumm!« wie tot zusammen

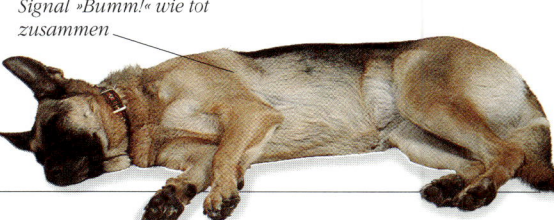

ARBEITSEIFER

Befriedigen Sie die Neugier und den Diensteifer des Hundes dadurch, daß Sie ihm etwas zu tun geben. Eine Zeitung oder einen kleinen Einkauf zu tragen ist für ihn eine angenehme Aufgabe; er nimmt gern die Gelegenheit wahr, Ihnen behilflich zu sein. Solche Hilfe sollte stets kräftig belohnt werden.

Das Pfotegeben bedeutet, daß der Hund Ihre Autorität anerkennt

SPIELSACHEN GEHÖREN IHNEN!

Es ist wichtig, daß Sie nach dem Spielen alle Spielsachen einsammeln und wegpacken. Damit machen Sie dem Hund immer wieder klar, daß Sie für das Spielzeug und für die Anberaumung der Spielstunden zuständig sind. Außerdem werden dadurch die Sachen für den Hund noch begehrenswerter und somit für Sie als Erziehungsmittel noch nützlicher. Besitzgierigen Schäferhunden sollte man beibringen, ihre Spielsachen im Austausch gegen Leckerbissen, Lobesworte oder anderen Belohnungen herzugeben.

Das Spielzeug wird gegen eine Futterbelohnung hergegeben

PFOTEGEBEN

Das Pfotegeben ist eine Unterwerfungsgeste. Wenn Sie Ihrem Schäferhund beibringen, sich hinzusetzen und die Pfote zu geben, machen Sie ihm klar, daß Sie die Autoritätsperson sind. Wenn Kinder mit dem Hund Pfotegeben spielen, lernt er, daß er auch ihnen folgen muß.

Mit dem Wegpacken der Spielsachen demonstrieren Sie, daß Sie die Spieldauer bestimmen

Der Halter ist immer der Sieger

Demokratische Spielregeln gelten nicht bei Ihrem Schäferhund. Er faßt bestimmte Spiele möglicherweise als Herausforderung und nicht als bloßes Vergnügen auf und muß deshalb wissen, daß Sie stets der Sieger bleiben. Meiden Sie Spielaktivitäten, die ihn allzusehr reizen, wie etwa Tauziehen; Ihr Hund will dabei vielleicht unbedingt gewinnen, so daß er einen Teil seiner guten Erziehung vergißt. Beenden Sie jede Spielstunde in einer positiven Stimmung, und zwar mit Leckerbissen, Streicheleinheiten oder lobenden Worten.

Alles unter Kontrolle

Wie bei allen Hunden können auch beim Deutschen Schäferhund Verhaltensstörungen auftreten. Manche Schäferhunde reagieren überempfindlich auf
Unvertrautes, andere sind übertrieben neugierig. Die meisten Probleme
lassen sich durch richtige Pflege und Erziehung verhindern oder
überwinden, außerdem durch positive Zwangsmaßnahmen.

*In Abwesenheit seines
Herrchens kaut der
Hund zufrieden auf sei-
nem Spielzeug herum*

GLÜCKLICH MIT SICH ALLEIN BESCHÄFTIGT

Kein Hund bleibt gern allein, und Trennungsangst oder
Langeweile kann destruktives Verhalten zur Folge haben.
Machen Sie kein Aufheben, wenn Sie gehen oder kommen,
und lassen Sie Ihren Hund herumtollen und fressen, bevor
Sie ausgehen, damit sein Ruhebedürfnis steigt. Geben Sie ihm
ein Lieblingsspielzeug oder ein mit Weichkäse oder
Erdnußbutter gefülltes hohles Spielzeug.

FERTIGWERDEN MIT UNVERTRAUTEN SITUATIONEN

Wird Ihr Hund durch einen ungewohnten Anblick oder
Lärm in Panik versetzt, erzeugen Sie diesen Reiz in einem
so großen Abstand, daß er nicht beunruhigend wirkt.
Belohnen Sie Gelassenheit mit Leckerbissen und
sanftem Lob. Bringen Sie das störende Objekt im
Verlauf einiger Wochen allmählich näher an den Hund
heran, und belohnen Sie ihn jedesmal, wenn er sich ruhig
verhält. Er wird Ihrem Beispiel folgen und erkennen, daß
kein Grund zur Beunruhigung besteht.

*Den Hund ir-
ritiert das Kind
auf dem Skate-
board*

*Der ruhige, sanftmütige
Labrador fungiert als
»Statist«*

*Bei der ersten
Begegnung
wird der
Hund sicher-
heitshalber
angeleint*

FREUNDLICH GEGENÜBER ANDEREN HUNDEN

Ein gut sozialisierter Hund verhält sich eher neugierig
interessiert als mißtrauisch oder feindselig, wenn er mit
Artgenossen zusammentrifft. Ist Ihr Schäferhund ängstlich oder aggressiv, so führen Sie ihn mit einem sanften,
ausgeglichenen Hund zusammen. Finden Sie heraus,
in welchem Abstand Ihr Hund ruhig bleibt, und geben
Sie ihm eine Belohnung. Bringen
Sie die beiden Tiere im Laufe
der Zeit näher zusammen.
Belohnen Sie jedesmal gutes
Verhalten, und lehren Sie so
Ihren Hund, andere Hunde
nicht als Bedrohung zu
betrachten.

Der freundlich dasitzende Hund akzeptiert den Fremden

BEGEGNUNG MIT FREMDEN

Wenn Ihr Hund fremden Personen mit aggressivem Beschützerdrang entgegentritt, sollten Sie einen hundefreundlichen Mitmenschen um Mithilfe bei einem »Übungstreffen« bitten. Er sollte einen potentiell einschüchternden Blickkontakt mit Ihrem Hund vermeiden, während Sie dem Tier den Befehl »Sitz!« geben und es belohnen, wenn es keine Feindseligkeit zeigt. Bitten Sie einen Freund, Ihrem Hund einen Leckerbissen oder ein Spielzeug zu reichen, damit dieser lernt, Annäherungsversuche von Fremden freudig zu begrüßen. Brechen Sie Lektionen oder Spiele sofort ab, wenn der Hund aggressiv wird.

Umgang mit einem störrischen Hund

Manche Schäferhunde gebärden sich dominanter als andere und brauchen eine feste Hand. Wenn Ihr Hund Befehlen nicht gehorcht, entziehen Sie ihm alle Belohnungen – auch Ihre Zuneigung! Gehen Sie kein Risiko ein. Haben Sie keine Hundeerfahrung oder machen Sie sich Sorgen um das Verhalten Ihres Schäferhundes, konsultieren Sie Ihren Tierarzt oder den örtlichen Hundesportverein, um ein Gehorsamkeitstraining zu arrangieren. Bedenken Sie, daß ein ungezogener Schäferhund ein schlechtes Licht auf die ganze Rasse wirft.

ABLENKUNGEN IGNORIEREN

Herrchen holt die Roll-Automatik-Leine ein, um den Befehl »Komm!« durchzusetzen

Selbst der folgsamste Schäferhund kann aus der Rolle fallen, wenn er durch etwas Aufregendes abgelenkt wird. Konfrontieren Sie den Hund mit einer verlockenden Ablenkung, etwa einem saftigen Knochen. Rufen Sie ihn zurück, und setzen Sie den Befehl mit Hilfe einer Roll-Automatik-Leine durch. Der so geschulte Hund lernt, in den meisten, wenngleich nicht allen Situationen zu Ihnen zurückzukehren.

Benutzen Sie die Roll-Automatik-Leine so lange, bis der Hund willig gehorcht

Beim Beschnuppern des Knochens wird der Hund »taub« für alle Befehle

DER VERSUCHUNG WIDERSTEHEN

Unterbinden Sie Bettelei, indem Sie Ihrem Hund nie etwas zu fressen geben, während Sie essen. Die Verabreichung eines gelegentlichen Leckerbissens fördert diese Unart tatsächlich eher als regelmäßige Futtergaben. Wenn Ihr Hund bettelt, befehlen Sie ihm, sich hinzulegen, und blicken Sie dann zur Seite. Belohnen Sie sein Wohlverhalten nach dem Essen mit einem Spiel und lobenden Worten, doch nicht mit Leckerbissen.

Beim Eisessen meidet das Kind den Blickkontakt

Futter für Ihren Hund

Trotz ihrer Größe und ihres Energiebedarfs sind Schäferhunde zuweilen erstaunlich heikle Fresser. Zum Glück gibt es vielerlei fabrikmäßig hergestellte und selbst zubereitete Futtersorten, mit denen man sowohl den Nahrungsbedarf als auch den »persönlichen« Geschmack des Hundes befriedigen kann. Beachten Sie, daß Sie und nicht der Hund bestimmen, was er frißt.

DOSENFUTTER

Feuchtes, fleischiges Dosenfutter ist in vielen Geschmacksrichtungen und Zusammensetzungen auf dem Markt. Es hat einen hohen Proteingehalt und wird gewöhnlich mit Hundeflocken gemischt, die zusätzliche Kalorien und lebenswichtige Kohlenhydrate liefern. Dosenkost ist nahrhaft und schmeckt meist gut, hält sich aber im Napf höchstens ein paar Stunden frisch.

Standardmischung

Spezialfutter für kranke Hunde

Happen mit Soße

Brocken in Gelee

TROCKENFUTTER

Knuspriges Trockenfutter wird dem Dosenfutter beigegeben, um die Konsistenz zu verbessern, Ballaststoffe und Fett zu ergänzen und die Kautätigkeit anzuregen.

TROCKENVOLLKOST

Trockenvollkost ist ausgewogen und eignet sich gut für die Vorratshaltung. Sie ist so konzentriert, daß sie etwa viermal so viel Kalorien enthält wie Dosenfutter; deshalb verfüttert man kleinere Portionen. Es gibt viele Sorten für alle Altersstufen und spezielle Bedürnisse, auch für Krankheitszustände wie Darminfektion, für die Schäferhunde anfällig sein können.

Energiereich
Welpen brauchen zur Wachstumsförderung gehaltvolles, leicht verdauliches Futter.

Normal
Standardfutter für ausgewachsene Hunde verschiedener Aktivitätsstufen.

Kalorienarm
Ältere, übergewichtige oder ruhige Hunde brauchen eine weniger energiereiche Nahrung.

Gebißpflege
Diese festen Brocken fördern gesundes Zahnfleisch und verhindern Zahnstein.

HALBFEUCHTES FUTTER

Diese Futtersorten sind in vielen Geschmacksrichtungen erhältlich und haben dreimal soviel Kalorien wie Dosenfutter. Wegen des hohen Kohlenhydratgehalts eigenen sie sich nicht für zuckerkranke Hunde. Wie Trockenfutter können sie den ganzen Tag über im Napf bleiben, so daß sich ältere oder wählerische Tiere nach Belieben bedienen können.

KAUKNOCHEN

Hunde brauchen zur Zahnpflege feste Kauknochen. Meiden Sie kleine Knochen, die verschluckt werden können, oder allzu harte, die die Zähne schädigen.

Gepreßter Biskuitknochen

LECKERBISSEN UND BISKUITS

Futterhäppchen sind sehr nützliche Erziehungshilfen. Finden Sie heraus, welche Leckerbissen Ihr Hund am liebsten mag, und belohnen Sie ihn damit für gutes Benehmen, doch nur dann.

Übergewicht stellt für die meisten Schäferhunde kein Problem dar, aber verabreichen Sie pro Tag nicht zu viele kalorienreiche Leckerbissen.

Mit Schinkengeschmack

Saftige Ringe

Fleischstückchen

Mit Lebergeschmack

MENSCHENKOST

Ein für Menschen bestimmtes ausgewogenes Essen eignet sich im allgemeinen auch für Hunde. Füttern Sie Ihren Hund jedoch nie bei Tisch, sondern bereiten Sie für ihn eine besondere Portion vor. Fleisch mit Nudeln oder Reis ergibt eine ausgezeichnete Mahlzeit, aber meiden Sie scharfe Gewürze.

Hühnchen ist leicht verdaulich und kalorienärmer als rotes Fleisch

Mischen Sie das Fleisch mit Reis oder Nudeln, damit alles aufgefressen wird

SCHONKOST

Schäferhunde sind etwas anfällig für Magen-Darm-Beschwerden. Reichen Sie Ihrem Hund, wenn er sich von einer Krankheit erholt, eine leichtverdauliche Kost, zum Beispiel Rühreier, oder eine vom Tierarzt verschriebene Spezialdiät.

Leichtes, frisch zubereitetes Rührei ist iedeal für einen Hund mit empfindlichem Magen

Gesunde Ernährung

Nahrhaftes Futter und vernünftige Freßgewohnheiten sind Vorbedingungen einer guten Gesundheit. Füttern Sie die richtigen Futtersorten in angemessenen Mengen. Schäferhunde sind zwar nicht so freßgierig wie viele andere Rassen, aber verhindern Sie Betteln oder Übergewicht, indem Sie feste Fütterungszeiten einhalten.

NAHRUNGSBEDARF IN DEN VERSCHIEDENEN ALTERSSTUFEN

Der Welpe genießt seine Mahlzeit im Liegen

Der Futternapf hat einen rutschfesten Boden

Der heranwachsende Welpe

Für ein gesundes Wachstum brauchen Welpen eine sehr nahrhafte Kost. Füttern Sie Ihren Welpen bis zur 12. Woche viermal täglich. Gehen Sie auf 3 Mahlzeiten zurück, bis er ein halbes Jahr alt ist, und füttern Sie ihn bis zum Ende des ersten Lebensjahres nur noch zweimal täglich.

FÜTTERUNGSZEITEN

Wichtig ist die strenge Einhaltung der Fütterungszeiten. Bringen Sie ihrem Hund bei, vor dem Futter sitzen zu bleiben und zu warten, bis Sie es freigeben. Reichen sie ihm bei Tisch niemals Leckerbissen, und servieren Sie das Futter stets in seinem eigenen Napf. Verhindern Sie Futterneid schon beim Welpen, indem Sie ihn beim Fressen hin und wieder anfassen.

Der Hund wartet geduldig auf das Signal zum Fressen

Der ausgewachsene Hund

Der Futterbedarf eines ausgewachsenen Hundes schwankt beträchtlich, je nach Gesundheitszustand, Aktivitätsgrad und Temperament. Ruhige, etwas phlegmatische Schäferhunde neigen manchmal zu Übergewicht. In der Regel sollten Sie Ihren Hund ein- oder zweimal täglich füttern.

Der ältere Schäferhund

Ältere sowie kastrierte Hunde haben einen geringeren Energiebedarf und sollten kleine Portionen oder ein weniger kalorienreiches Futter bekommen. Der Proteingehalt wird reduziert, um Übergewicht vorzubeugen, das die Hinterläufe und Organe wie etwa die Nieren ungebührlich belastet.

Täglicher Energiebedarf in verschiedenen Altersstufen

Alter	Gewicht	Kalorien	Trockenfutter	Halbfeucht	Dosen-/Fleischfutter
2 Monate	4,5 kg	1005	300 g	335 g	500 g/170 g
3 Monate	9 kg	1560	465 g	500 g	780 g/265 g
6 Monate	22 kg	2160	645 g	700 g	1080 g/380 g
Adult, normal	22–43 kg	1120–1850	335–555 g	380–630 g	555–925 g/190–300 g
Adult, aktiv	22–43 kg	1270–2100	380–630 g	425–700 g	530–1050 g/215–380 g
Adult, sehr aktiv	22–43 kg	1780–2940	530–880 g	595–980 g	380–1470 g/300–500 g
Alt (über 10 Jahre)	22–43 kg	1020–1680	300–500 g	335–555 g	500–840 g/170–285 g

Futterbedarf

Diese Zahlen geben Ihnen nur einen ungefähren Anhaltspunkt. Bedenken Sie, daß jeder Hund einen individuellen Nahrungsbedarf hat und daß die verschiedenen Futtersorten einen unterschiedlichen Kaloriengehalt aufweisen. Versorgen Sie Ihren Hund stets mit einem ausgewogenen Futter. Wenn Sie nicht genau wissen, was das Beste für ihn ist, lassen Sie sich von Ihrem Tierarzt beraten.

DER MÄKELIGE FRESSER

Anders als manche Rassen, die nahezu alles fressen, neigen Schäferhunde zu einer gewissen Mäkeligkeit. Wenn Sie und der Tierarzt meinen, daß Ihr heikler Hund gesund und seine Nahrung nahrhaft und wohlschmeckend ist, stellen Sie ihm sein Futter eine Stunde lang hin und nehmen es dann weg, wenn er es nicht angerührt hat. Wiederholen Sie diese Prozedur, bis er wieder frißt. Das kann einige Tage dauern, aber der Hunger trägt schließlich den Sieg über die Freßunlust davon! Stellen Sie stets reichlich frisches Wasser bereit, um eine lebensbedrohliche Dehydratation (Austrocknung) zu verhindern, vor allem dann, wenn Ihr Hund Trockenfutter erhält.

Servieren Sie das Futter bei Zimmertemperatur, niemals direkt aus dem Kühlschrank.

Rotes Fleisch und Aggressivität

Regelmäßige Futtergaben mit hohem Proteingehalt können Aggressivität auslösen. Eine beständige Ernährung mit Frischfleisch oder Katzenfutter ist zu üppig, liefert mehr Energie, als ein normaler Schäferhund benötigt, und führt möglicherweise zu einem übertriebenen Dominanzverhalten. Wird das zu einem Problem, sollten Sie reichlich Kohlenhydrate und Gemüse beimischen oder mit Soja oder Tofu experimentieren.

Allgemeine Pflegemaßnahmen

Der Deutsche Schäferhund mit seinem schönen Gebäude ist relativ leicht sauber-zuhalten. Gleichwohl ist eine regelmäßige Pflege notwendig, damit Ihr Hund bei guter Gesundheit bleibt. Untersuchen Sie täglich Augen, Ohren und Fang, und bürsten Sie die Zähne einmal in der Woche. Auch die Krallen wachsen meist schnell und müssen hin und wieder gekürzt werden.

KLARE, GESUNDE AUGEN

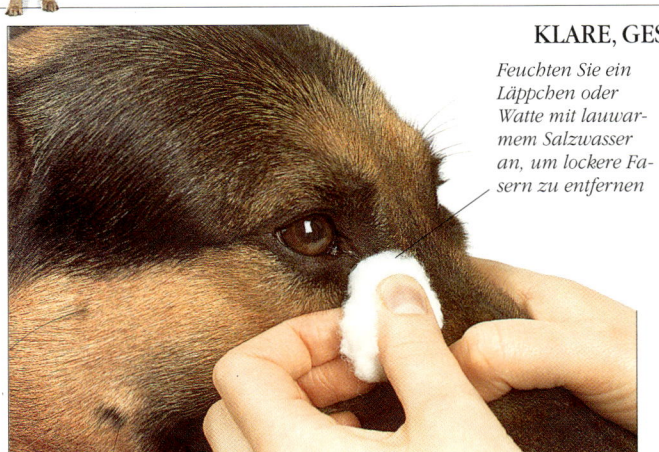

Feuchten Sie ein Läppchen oder Watte mit lauwar-mem Salzwasser an, um lockere Fa-sern zu entfernen

Die Augen sollten leuchtend, klar und frei von Ausflüssen, Entzündungen oder Trübungen sein. Entfernen Sie Schleim oder Schmutz in der Augenumgebung mit einem feuchten Läppchen oder Wattebausch. Ein gelber oder grüner Ausfluß deutet oft auf eine Infektion hin, die vom Tierarzt behandelt werden muß. Konsultieren Sie auch dann den Arzt, wenn Ihr Hund wäßrige Augen hat oder übermäßig blinzelt.

ZÄHNEPUTZEN

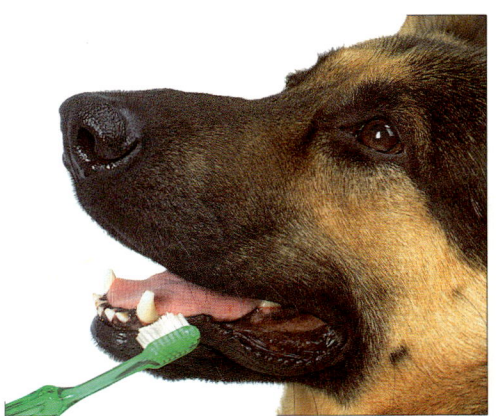

Sehen Sie täglich nach, ob sich Fremdkörper in der Schnauze oder zwischen den Zähnen festgesetzt haben. Reinigen Sie einmal in der Woche das Gebiß mit einer weichen Bürste, die Sie auf und ab bewegen, um das Zahnfleisch zu massieren.

Maßnahmen gegen Zahnstein

Ohne Zahnpflege kann sich Zahnstein bilden, der üblen Geruch, Wurzelentzündungen und Zahnfleischerkrankungen zur Folge haben kann. Neben der professionellen Zahnsteinentfernung eignen sich Büffelhautknochen gut als Mittel gegen Zahnsteinbildung. Die Zähne und das Zahnfleisch dieses Schäferhundes müssen fachmännisch behandelt werden.

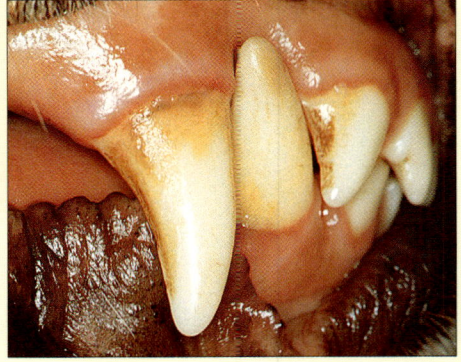

OHRENUNTERSUCHUNG

Achten Sie bei der Ohrenreinigung auf Ohrenschmalz, Entzündungen, Geruch, verkrustete oder schuppige Ablagerungen und Fremdkörper, etwa Grassamen. Dringen Sie dabei nicht zu tief ein, damit das Ohrenschmalz nicht noch mehr hineingedrückt wird.

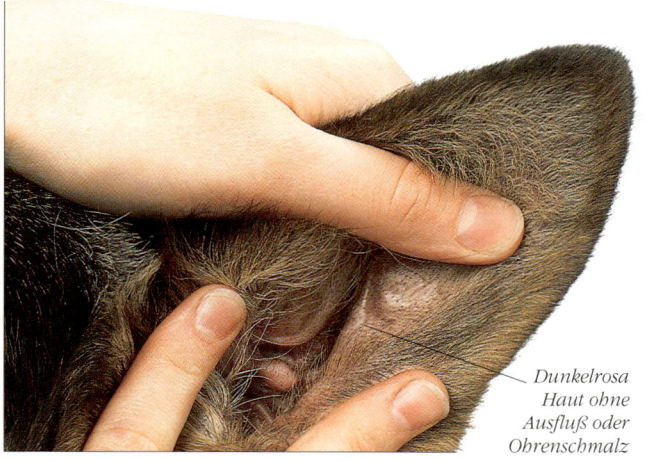

Dunkelrosa Haut ohne Ausfluß oder Ohrenschmalz

KRALLENSCHNEIDEN

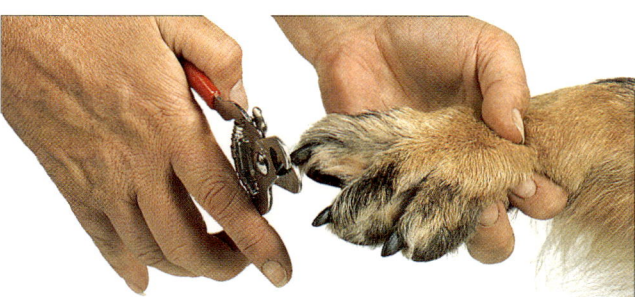

Befehlen Sie dem Hund, sich hinzusetzen. Verwenden Sie lieber eine Krallenzange als eine Schere, die die dicken Krallen des Schäferhundes quetschen und deshalb Schmerzen verusachen könnte. Schneiden Sie nur die Krallenenden ab, und zwar so vorsichtig, daß Sie nicht das empfindliche »Leben« verletzen. Belohnen Sie den Hund stets für sein Wohlverhalten.

Der richtige Schnitt

Das rosige Nagelbett oder »Leben«, das von Blutgefäßen und Nerven durchzogen ist, verbirgt sich in der schwarzen äußeren Kralle des Schäferhunds. Fragen Sie Ihren Tierarzt, wie Sie den Schnitt führen müssen.

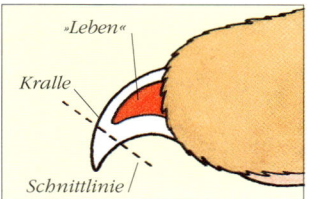

»Leben«
Kralle
Schnittlinie

PFOTENWÄSCHE

Säubern Sie die Pfoten nach einem Ausflug ins Gelände in einer Schüssel mit lauwarmem oder kühlem Wasser. Nehmen Sie kein heißes Wasser, vor allem nicht bei kaltem Wetter. Reiben Sie festen oder verhärteten Schmutz zwischen den Ballen mit den Fingern ab. Verwenden Sie eine milde Seife und vergessen Sie nie, die Pfoten gründlich abzuspülen und zu trocknen.

Analhygiene

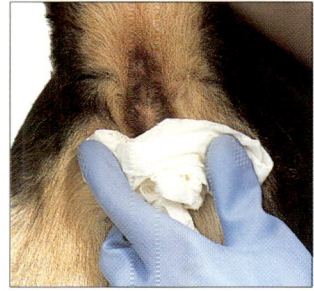

Übermäßiges Belecken der Aftergegend oder »Schlittenfahren« kann bedeuten, daß die Analbeutel verstopft sind und Unbehagen auslösen. Ziehen Sie Gummihandschuhe an, und drücken Sie die Beutel aus, indem Sie von beiden Seiten festen Druck ausüben.

Fellpflege

Wenn Ihr Schäferhund gesund und attraktiv bleiben soll, ist regelmäßige Fellpflege wichtig. Das Standardfell sollte wenigstens einmal wöchentlich bear-
beitet werden, während des Haarwechsels, der zweimal im Jahr erfolgt, jeden
zweiten Tag. Langhaar braucht während des Haarwechsels tägliche Pflege,
und hin und wieder müssen alle Hunde ein Bad über sich ergehen lassen.

ROUTINEMÄSSIGE FELLPFLEGE BEIM DEUTSCHEN SCHÄFERHUND

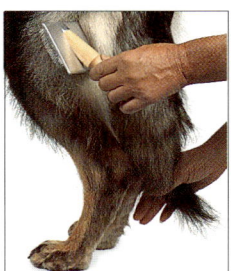

Ausbürsten von Zotteln

Mit einer Zupfbürste werden
tote Haare entfernt und
Verfilzungen oder Zotteln
an Läufen, Brust und Rute
entwirrt. Während des Fell-
wechsels verliert der Schäferhund viele Haare aus
der Unterwolle und dem
harschen, dichten Deckfell.

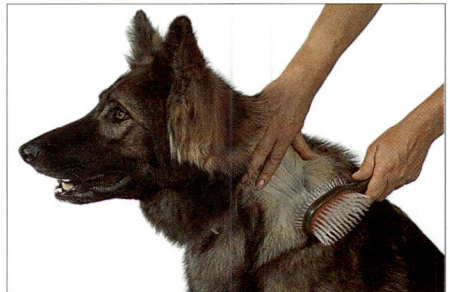

*Die Noppen der
Bürste durch-
dringen das
Fell und mas-
sieren die Haut*

Ausbürsten von Schmutz

Eine Drahtborstenbürste befreit das Fell von
Schmutz und losen Haaren. Wenn Sie eine
Doppelbürste haben, benutzen Sie die Perlon-
borstenseite, um Verletzungen der Haut zu
vermeiden. Achten Sie stets auf Anzeichen
von Entzündungen, Schuppen oder Parasiten.

*Kämmen Sie die
Befederung an
Läufen, Brust und
Rute durch*

Hautmassage

Verwenden Sie eine weiche Gumminoppenbürste,
um die natürliche Befettung des Haarkleids anzuregen, das dadurch einen gesunden Glanz erhält. Sie
können aber auch einfach die Finger benutzen.

Kämmen der Befederung

Kämmen Sie vor allem bei langhaarigen
Hunden gründlich die Befederung an Läufen,
Brust und Rute, damit alle Verfilzungen oder
Zotteln verschwinden.

Schneiden Sie überflüssige Haare zwischen den Zehen aus

Reiben Sie den ganzen Körper mit einem Waschleder ab

Belohnen Sie den Hund hinterher mit Lob, Spiel oder Leckerbissen

Pfotenpflege

Ist das Haar zwischen den Zehen zu lang geworden, kürzen Sie es mit einer stumpfen Schere. So wird verhindert, daß sich Fremdkörper, etwa Grassamen, an den Pfoten festsetzen und Schmerzen verursachen.

Polieren des Fells

Schließen Sie die Haarpflege damit ab, daß Sie das Fell mit einem sauberen, trockenen Waschleder abreiben. So werden alle Schuppen von der Oberfläche entfernt, und das Fell erhält einen schimmernden Glanz. Signalisieren Sie das Ende der Prozedur mit dem Wörtchen »Gut!«, und loben Sie dann den braven Hund überschwenglich.

DAS HUNDEBAD

Halten Sie Wasser und Shampoo von den Augen und Ohren des Hundes fern

1 Ein Bad wird notwendig, wenn sich ihr Schäferhund in übelriechendem Dreck gewälzt hat, außerdem bei verschiedenen Hautkrankheiten oder einfach zur Wiederherstellung des natürlichen Fellschimmers. Verwenden Sie in der Wanne eine rutschfeste Unterlage, und schäumen Sie den Hund mit Hunde- oder Babyshampoo und handwarmem Wasser gründlich ein.

2 Reinigen Sie das Gesicht mit einem Tuch, und spülen Sie dann alles Shampoo ab, wobei besonders auf die Partien unter den Beinen und der Rute zu achten ist. Reden Sie dabei beruhigend.

3 Drücken Sie überschüssiges Wasser aus dem Fell, und wickeln Sie den Hund in ein Handtuch ein. Nachdem er sich geschüttelt hat, reiben Sie ihn trocken, oder benutzen Sie einen Fön, der warm, aber nicht heiß eingestellt ist.

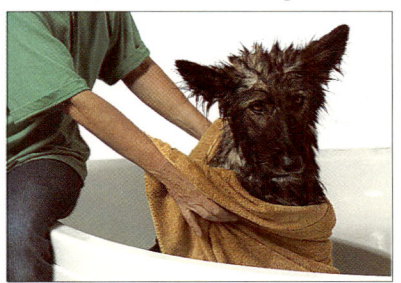

Machen Sie die Fellpflege zu einem Ritual

Die meisten Hunde empfinden die Fellpflege als angenehm, doch dominante Tiere benehmen sich mitunter störrisch. Unterbinden Sie das, indem Sie die Pflegeprozedur gleich nach Anschaffung des Hundes als Bestandteil des Grundgehorsams einführen. Er sollte schnell begreifen, Ihre Eingriffe als Zeichen Ihrer Überlegenheit zu akzeptieren. Befehlen Sie einem eigensinnigen Hund, sich hinzulegen, und heben Sie einen Lauf an, damit er sich ins Unvermeidliche fügt.

Gesundheitsfürsorge

Was seine Gesundheit angeht, ist Ihr Schäferhund auf Sie angewiesen. Da er Ihnen nicht sagen kann, was ihm fehlt, müssen Sie beobachten, wie er sich bewegt und verhält. Jede Veränderung in seinen Aktivitäten oder Gewohnheiten kann Anzeichen einer Erkrankung sein. Lassen Sie jedes Jahr eine Routineuntersuchung durchführen, und hören Sie auf den Rat des Tierarztes.

LEICHTER, ANMUTIGER GANG

Deutsche Schäferhunde haben einen ungewöhnlich eleganten Gang, durch den sie sich von anderen Rassen unterscheiden. Ein gesunder Hund sollte leicht und mühelos gehen, traben und laufen. Schwierigkeiten beim Hinlegen oder Aufstehen können auf Gelenkleiden hindeuten – nicht ungewöhnlich, zumal bei älteren Hunden. Hinken zeigt an, daß ein Bein besonders betroffen ist, und wenn der Hund beim Gehen mit dem Kopf wippt, leidet er gewöhnlich unter Schmerzen. Beobachten Sie Ihren Schäferhund bei seinen täglichen Aktivitäten, und achten Sie auf alle Anzeichen des Unbehagens.

GESUNDER APPETIT UND FRESSGEWOHNHEITEN

Das im Welpenalter erworbene Freß- und Ausscheidungsverhalten wird normalerweise lebenslang beibehalten. Selbst kleine Abweichungen können ein Krankheitssymptom sein und sollten dem Tierarzt gemeldet werden. Appetitmangel kann einfach auf Langeweile, aber auch auf eine Erkrankung hindeuten. Bittet der Hund um Futter, frißt aber nicht, hat er vielleicht Zahnschmerzen. Das gilt auch für unsauberes Fressen – wenn Futter fallengelassen und dann wieder aufgenommen und gefressen wird. Gesteigerter Appetit ohne Gewichtszunahme kann mit einer Schilddrüsenerkrankung zusammenhängen. Gesteigerter Durst ist stets ernstzunehmen. Es kann auf eine Infek-

tion oder Krankheiten wie Diabetes und Leber- oder Nierenleiden zurückzuführen sein. Suchen Sie den Tierarzt auf, wenn Ihr Hund übermäßig viel trinkt oder chronisch an Durchfall oder Verstopfung leidet.

Übermäßiges Trinken kann ein Krankheitssymptom sein

REGELMÄSSIGE VORSORGEUNTERSUCHUNGEN

Hunde, die geimpft sind und alljährlich medizinisch untersucht werden, leben in der Regel länger als andere. Viele Krankheiten, etwa Tumoren der Milz, sind äußerlich nicht sichtbar, können aber bei einer körperlichen Untersuchung festgestellt werden. Informieren Sie Ihren Tierarzt stets über Verhaltensveränderungen, die Ihnen aufgefallen sind; Erkrankungen lassen sich am leichtesten behandeln, wenn sie früh entdeckt werden. Bei älteren Schäferhunden sind zwei Untersuchungen pro Jahr angezeigt.

AKTIV UND LEBHAFT?

Mit dem Stethoskop hört die Tierärztin Herz und Lunge ab

Der Schäferhund sitzt bequem auf dem Tisch und läßt sich bereitwillig untersuchen

Hunde sind Gewohnheitstiere. Wenn Ihr Hund nicht wie gewohnt aufsteht, sich langsamer bewegt oder nicht spielen will, ist er womöglich krank. Ein stoischer Hund könnte allerdings versuchen, sich normal zu verhalten, um seinem Besitzer zu gefallen, selbst wenn er leidet. Beobachten Sie Ihren Vierbeiner genau; selbst wenn er sich nur geringfügig anders benimmt, gehen Sie zum Tierarzt.

Der Tierarztbesuch soll Spaß machen

Machen Sie Ihren Schäferhund mit der Tierarztpraxis bekannt, bevor er irgendeine Behandlung braucht, so daß er das Haus beschnuppern und erkunden kann. Bitten Sie den Arzt, ihm bei dieser Gelegenheit einen Leckerbissen zu reichen, damit er gerne wiederkommt. Wiederholte Tierarztbesuche sind auch für Sie weniger belastend, wenn Sie eine Hundekrankenversicherung abgeschlossen haben. Dadurch sichern Sie Ihrem Hund die besten Diagnose- und Behandlungsmethoden.

FÜRSORGE FÜR DEN ÄLTEREN HUND

Mit zunehmendem Alter wird Ihr Hund langsamer, vielleicht sogar schwerhörig oder zuweilen reizbar. Haben Sie Geduld mit ihm, und gehen Sie sanft mit ihm um. Muten Sie ihm nicht mehr so große Anstrengungen zu; ältere Hunde spielen noch immer gern, sind aber weniger agil und energisch. Geistige Anregungen verlangsamen ebenfalls den Alterungsprozeß.

Verbreitete Krankheiten

Der Deutsche Schäferhund besitzt ein anatomisch ausgewogenes Gebäude und ist deshalb wenig anfällig für Erkrankungen, die mit dem Körperbau zusammenhängen. Sein dichtes Fell ist jedoch eine Brutstätte für Außenschmarotzer, und Magen-Darm-Beschwerden treten häufiger auf als bei vielen anderen Rassen.

HAUTSCHMAROTZER

Flöhe sind die häufigsten Außenschmarotzer; Tierheimhunde und Welpen können auch von Läusen oder Milben befallen werden. Zecken sind in bestimmten Gegenden und Jahreszeiten ein Problem.

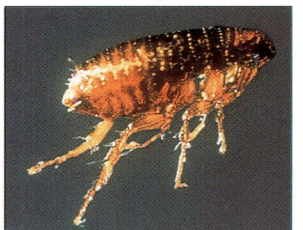

Flohbefall

Flohbisse haben eine Reizung und Kratzen zur Folge. Untersuchen Sie regelmäßig das Fell, und verwenden Sie ein vom Tierarzt empfohlenes Flohbekämpfungsmittel.

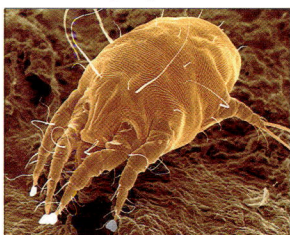

Ohrmilben

Sie graben sich in die Haut ein, die sich entzündet und juckt. Reinigen Sie das Hundebett, und wenden Sie ein insektentötendes Spezialshampoo an.

OFFENSICHTLICHE ZEICHEN DES UNBEHAGENS

Untersuchen Sie das Fell auf Schuppen und sichtbare Parasiten

Das Beknabbern der Pfoten kann die Reaktion auf eine Reizung sein

Ständiges Kratzen deutet nicht immer auf Flohbefall hin

Kratzen

Hunde kratzen sich oft, weil sie von Parasiten befallen sind; Allergien und Verletzungen können weitere Ursachen sein. Lassen Sie jede Reizung vom Tierarzt untersuchen, der Medikamente oder auch eine Veränderung der Ernährung oder der Pflegemaßnahmen verordnen wird.

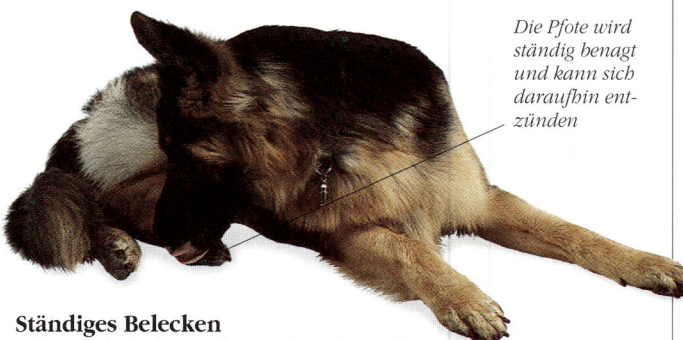

Die Pfote wird ständig benagt und kann sich daraufhin entzünden

Ständiges Belecken

Alle Hunde lecken sich, um ihr Fell zu pflegen, doch manche Schäferhunde tun dies so intensiv, daß Hautentzündungen und Haarausfall die Folge sind. Diese als »Leckgranulom« oder »Leckdermatitis« bezeichnete übertriebene Lecksucht spricht oft sehr gut auf Beruhigungsmittel an; fragen Sie den Tierarzt.

TYPISCHE HUNDEKRANKHEITEN

Bei allen Rassen kann man vielen Erkrankungen vorbeugen. Untersuchen Sie regelmäßig die Haut, die Ohren und das Gebiß Ihres Hundes, und lassen Sie ihn regelmäßig impfen. Neben den gängigen Krankheiten können Herzwürmer in bestimmten Regionen zu einem Problem werden. Wenn Ihre Gegend betroffen ist, sollten Sie Ihren Schäferhund in der entsprechenden Jahreszeit vorbeugend behandeln lassen.

Ohrenbeschwerden

Obwohl die Schäferhundohren mit dem weiten Gehörgang und der aufrechten Stellung nahezu ideal gebaut sind, weil die Luft gut zirkulieren kann, sind Entzündungen nicht selten. Untersuchen Sie die Ohren regelmäßig auf Ohrenschmalz, Geruch, Ausfluß, Entzündung und Fremdkörper hin.

Gebißschäden

Schäferhunde, die über große Kiefer mit gewaltiger Beißkraft verfügen, beißen oft gern auf Ästen oder Knochen herum. Das macht Ihrem Hund großen Spaß, doch um Zahnabsplitterungen und -frakturen oder Fangverletzungen zu verhindern, sollten Sie ihm ungeeignetes Spielzeug abgewöhnen.

Eingeweideschmarotzer

Eingeweidewürmer und andere Innenschmarotzer können Gewichtsverlust, Erbrechen oder Durchfälle mit oder ohne Blut- und Schleimbeimengungen verursachen. Ein stumpfes Fell, ein aufgeblähter Unterleib oder häufiges »Schlittenfahren« können auf Wurmbefall hindeuten. Lassen Sie sich vom Tierarzt ein wirksames Wurmmittel verschreiben.

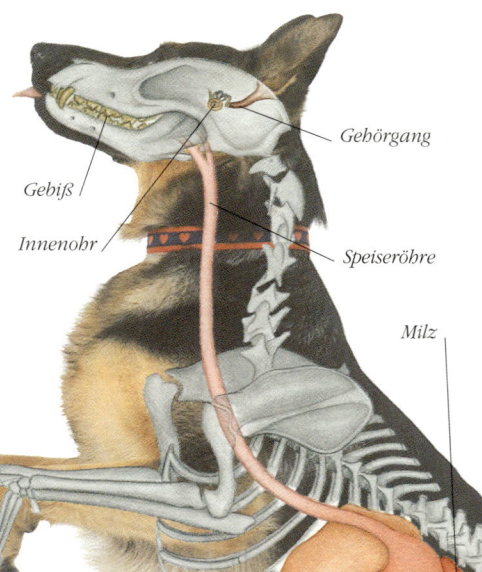

Gebiß

Innenohr

Gehörgang

Speiseröhre

Milz

Niere

Leber

Magen

Darm

Hüftgelenk

Magen-Darm-Leiden

Deutsche Schäferhunde leiden überdurchschnittlich häufig an Magen-Darm-Beschwerden. Das hängt vielleicht mit ihrem Temperament zusammen. Verdauungsprobleme können jedoch vielerlei Ursachen haben. Durchfall ist möglicherweise angstbedingt, kann aber auch auf eine spezifische Nahrungsallergie oder viele andere Faktoren zurückzuführen sein. Am besten geben Sie Ihrem Hund keine schweren oder starkgewürzten Mahlzeiten.

Schmerzhafte Belastungen

Aktive Rassen wie die Schäferhunde sind von Natur aus anfällig für Muskel-, Bänder-, Sehnen- und Gelenkschäden. Bänderrisse treten am häufigsten im Knie auf, aber auch das Hüftgelenk wird oft geschädigt.

Rassetypische Krankheiten

Die auf erwünschte Merkmale ausgerichtete Auswahlzucht hat notwendigerweise auch die Häufung von potentiell schädlichen Genen zur Folge. Weil der Schäferhund so gründlich erforscht ist, sind bei dieser Rasse auch viele Erbdefekte bekannt. Untersuchungen auf Erbschäden, besonders der Knochen und des Blutes, können zur Zuchtverbesserung beitragen.

HÜFTGELENKSDYSPLASIE (HD)

Diese Form der Hüftgelenksarthritis, die teils erblich bedingt, aber auch mit Übergewicht oder körperlicher Überanstrengung im Welpenalter gekoppelt ist, verursacht chronische Schmerzen und Lahmheit. Die Erkrankung kann durch Röntgendiagnostik zuverlässig festgestellt werden.

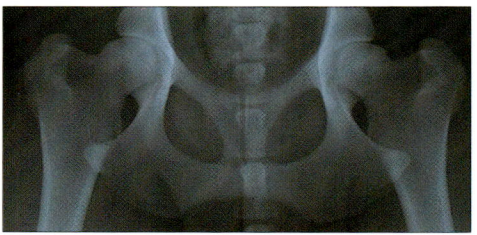

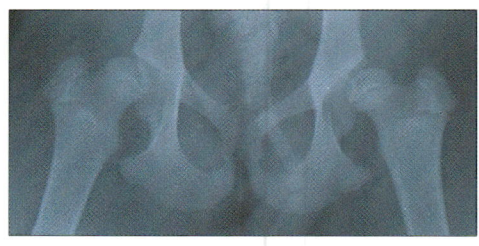

Normale Hüfte
Die Hüfte ist als typisches Kugelgelenk ausgebildet. Bei einer gesunden Hüfte wie dieser sitzt der Kopf des Oberschenkelbeins (Kugel) bequem und sicher im Acetabulum (Beckenknochenpfanne). Die auf Hüftgelenksverformungen untersuchten Hunde werden in 4 Grade eingeteilt; eine HD 2.–4. Grades bedeutet Ausschluß von der Zucht.

Dysplastisches Gelenk
Diese Röntgenaufnahme eines Schäferhunds mit schwerer HD zeigt flache, rauhe Beckenknochenpfannen und abgeflachte Oberschenkelköpfe. Jede Bewegung des einen Knochens gegen den anderen verursacht Beschwerden. Betroffene Hunde zeigen oft einen Schwund der Oberschenkelmuskeln und einen »hoppelnden« Gang.

CHRONISCHE DEGENERATIVE RÜCKENMARKSERKRANKUNG

Diese Krankheit, die beim Deutschen Schäferhund häufiger vorkommt als bei allen anderen Rassen, tritt im allgemeinen bei Hunden auf, die älter als 7 Jahre sind. Eine Lähmung der Hinterhand ist das erste Anzeichen dieser Erkrankung des Zentralnervensystems. Das Gehen wird dabei immer beschwerlicher, da sich die partielle Lähmung über Monate hinweg entwickelt. Die Krankheit ist zwar nicht mit Schmerzen verbunden, aber unheilbar.

Die nicht instinktiv flach aufgesetzte Hinterpfote ist ein häufiges Symptom der schleichenden Krankheit

ANDERE VERBREITETE KRANKHEITEN DES SCHÄFERHUNDES

Obwohl Schäferhunde normalerweise einen gesunden, wohlproportionierten Körperbau haben, sind sie anfällig für eine Reihe von Krankheiten. Manche Defekte sind erblich bedingt und lassen sich deshalb nicht verhindern, doch mit einer Behandlung können die Beschwerden gelindert werden.

Hypophysärer Zwergwuchs

Eine erbliche Unterfunktion der Hypophyse (Hirnanhangdrüse) führt beim Schäferhund zum Zwergwuchs. Die betroffenen Hunde wirken in den ersten 8 Lebenswochen normal, wachsen dann aber langsamer und erreichen nur die Größe eines kleinen Terriers; schließlich verlieren sie praktisch das ganze Haarkleid.

Fehlfunktion der Bauchspeicheldrüse

Bei dieser Erbkrankheit kann die Bauchspeicheldrüse lebenswichtige Verdauungsenzyme nicht ausschütten. Symptome der Krankheit, die meist vor dem dritten Lebensjahr auftritt, sind Verlust an Gewicht und Tonus und die Ausscheidung von lehmfarbenem Kot, der viel unverdaute Nahrung enthält.

Gehirn

Hypophyse

Bauchspeicheldrüse

Knochen-mark

Blutkrankheiten

Beim Schäferhund sind mindestens 5 genetisch bedingte Blutkrankheiten bekannt, bei denen das Knochenmark nicht die Gerinnungsfaktoren bilden kann. Hämophilie A ist eine geschlechtsgebundene Störung, die auf dem X-Chromosom weitergegeben wird. Die Von-Willebrand-Krankheit kommt häufiger vor; in Nordamerika kann davon jeder fünfte Schäferhund befallen sein. Die Schwere der Erkrankung nimmt mit dem Alter ab.

Schultergelenk

Knochen- und Gelenkbeschwerden

Die Panosteitis, die Bildung überlanger Knochen im Welpenalter, ist ein in Nordamerika verbreitetes Zuchtproblem. Dieser schmerzhafte Krankheitszustand schwächt sich in der Regel mit der Geschlechtsreife ab. Osteochondrose, eine Fehlbildung der Gelenkknorpel, nimmt weltweit zu. Am häufigsten sind Schultern und Ellbogen betroffen. Die Folge ist eine schmerzhafte Lähmung. Oft ist ein chirurgischer Eingriff erforderlich.

Gefahren vorbeugen

Unsere tägliche Umwelt birgt viele Gefahren für einen Hund. Achten Sie auf die natürlichen Triebe Ihres Schäferhundes, und beaufsichtigen Sie ihn sorgfältig, um Unfälle zu vermeiden. Lassen Sie ihn in Situationen, in denen er sich oder andere in Gefahr bringen kann, niemals allein, und gehen Sie etwaigen Schwierigkeiten aus dem Weg.

SORGEN SIE FÜR DIE SICHERHEIT IHRES SCHÄFERHUNDES

Überwindung der Angst

Ein ängstlicher Schäferhund kann defensiv zuschnappen, aber wahrscheinlicher ist, daß er davonrennt und sich möglicherweise im Straßenverkehr in Gefahr bringt. Wenn sich ihr Hund vor anderen Hunden, fremden Menschen oder ungewohnten Geräuschen fürchtet, bauen Sie die Angst durch behutsames Training ab. Ahnen Sie gefährliche Situationen voraus, und leinen Sie den Hund immer an, wenn für ihn oder andere ein Risiko besteht.

Der nervöse Schäferhund könnte aus Angst davonrennen

Der freundliche Labrador wird als Bedrohung empfunden

Zügelung eines allzu neugierigen Hundes

Behalten Sie Ihren Schäferhund im Auge, wenn Sie ihn von der Leine lassen. Unternehmungslustige, neugierige Hunde sind besonders gefährdet, und Erkundungsstreifzüge oder übereifriges Graben können Bisse von Wildtieren oder Stiche von Insekten oder Pflanzen zur Folge haben. Halten Sie den Hund von bekannten Gefahrenquellen fern, und nehmen Sie stets eine kleine Erste-Hilfe-Ausrüstung zur Behandlung von leichten Verletzungen mit.

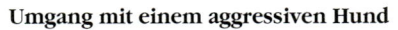

Umgang mit einem aggressiven Hund

Bringen Sie Ihrem Schäferhund bei, Ihren Befehlen zu folgen, und meiden Sie Situationen, in denen es zu einer Konfrontation kommen könnte. Wenn Ihr Hund versehentlich oder absichtlich einen anderen Hund oder eine Person gebissen hat, müssen Sie mit juristischen Konsequenzen rechnen. Sie können auch für Sachschäden haftbar gemacht werden. Gute Erziehung ist eine Pflicht, doch außerdem sollten Sie eine Hundehaftpflichtversicherung abschließen.

Häufig vorkommende Gifte und Schadstoffe

Wenn verschluckt		Gegenmaßnahmen
Schneckenköder Rattengift Illegale Drogen Aspirin und andere Schmerz- mittel	Sedativa und Antidepressiva Blei (Batterien usw.) Frostschutzmittel	Untersuchen Sie die Verpackung und ermitteln Sie den Inhalt. Wurde das Gift in den letzten 2 Stunden verschluckt, bringen Sie den Hund zum Erbrechen, indem Sie ihm große Kristalle Bleichsoda, einen Klumpen feuchtes Salz oder 3%iges Wasserstoffsuperoxyd eingeben. Suchen Sie sofort den Tierarzt auf!
Ätznatron Geschirrspülmittel Lackentferner oder -ver- dünner Holzkonservierungsstoffe Kerosin oder Benzin	Abfluß-, Toiletten- oder Backofenreiniger Chlorbleichmittel Waschmittel Politur	Führen Sie kein Erbrechen herbei. Verabreichen Sie rohes Eiweiß, Natriumkarbonat, Kohlenpulver oder Olivenöl. Verwenden Sie bei Verbrennungen im Mundraum eine Natriumbikarbonatpaste. Suchen Sie sofort einen Tierarzt auf!
Kontakt mit dem Fell		**Gegenmaßnahmen**
Farbe Teer Petroleumprodukte Motoröl		Benutzen Sie keinen Lackentferner und keine konzentrierten biologischen Waschmittel. Reiben Sie mit Schutzhand-schuhen viel flüssiges Paraffin oder Pflanzenöl in das Fell ein. Waschen Sie den Hund mit warmem Seifenwasser oder Babyshampoo. Reiben Sie Mehl ein, um Giftstoffe zu binden.
Alles außer Farbe, Teer, Petroleumprodukten und Motoröl		Mit Schutzhandschuhen begießen Sie die betroffene Fellpartie wenigstens 5 Minuten lang mit viel sauberem, lauwarmem Wasser. Dann waschen Sie das beschmutzte Fell gründlich mit warmem Seifenwasser oder mildem Babyshampoo aus.

Sofortmaßnahmen

Achten Sie bei jeder Vergiftung auf Anzeichen eines Schocks, und leisten Sie die erforderliche Erste Hilfe. Setzen Sie sich sofort mit Ihrem Tierarzt in Verbindung, und leiten Sie, möglichst mit gleichzeitiger telefonischer Beratung, daheim umgehend die Gegenmaßnahmen ein.

BEWAHREN SIE ALLE GIFTSTOFFE SICHER AUF

Schäferhunde, vor allem Jungtiere, kauen gern auf allem herum. Bringen Sie alle Haushalts-, Garten- und Swimmingpool-Chemika-lien außer seiner Reichweite sicher unter, und geben Sie Ihrem Hund nie leere Behälter zum Spielen, denn sonst betrachtet er ähn-liche Gegenstände als Spielzeug – mit potentiell tragischen Folgen.

Schutz vor Stromschlägen

Welpen beknabbern alles und finden elektrische Leitungen oft besonders reizvoll. Bringen Sie Ihrem Hund schon früh bei, nicht mit Elektrogeräten her-umzuspielen, und reduzieren Sie das Risiko von Verbrennungen und Strom-schlägen dadurch, daß Sie Kabel außer Reichweite halten oder mit einem bitter schmeckenden Aerosol besprühen. Zie-hen Sie die Stecker heraus, wenn Sie sie nicht benötigen, und versehen Sie die Steckdosen mit Schutzabdeckun-gen. Hat Ihr Schäferhund ein strom-führendes Kabel durchgekaut, dürfen Sie Ihr eigenes Leben nicht in Gefahr bringen. Schalten Sie den Strom ab, bevor Sie Erste Hilfe leisten.

Erste Hilfe im Notfall

Ein Erste-Hilfe-Kasten sollte für die Versorgung kleinerer Verletzungen vorhanden sein. Schwere Notfälle kommen sehr viel seltener vor, doch wenn Sie die Grundprinzipien und Techniken etwa der künstlichen Beatmung oder der Herzmassage beherrschen, können Sie Ihrem Hund das Leben retten.

ERSTE-HILFE-AUSRÜSTUNG

Die Grundsätze der menschlichen Ersten Hilfe gelten auch für Hunde. Das Ziel ist es, Leben zu erhalten, weitere Verletzungen zu verhindern, den Schaden unter Kontrolle zu halten, Schmerzen und Streß zu verringern und den Hund sicher in die Tierarztpraxis zu bringen. Halten Sie einen gut ausgestatteten Erste-Hilfe-Kasten bereit, und benutzen Sie ihn für die Versorgung kleinerer Wunden, wenn Sie sicher sind, daß Sie es nicht mit einer ernsten oder gar lebensbedrohenden Krankheit zu tun haben.

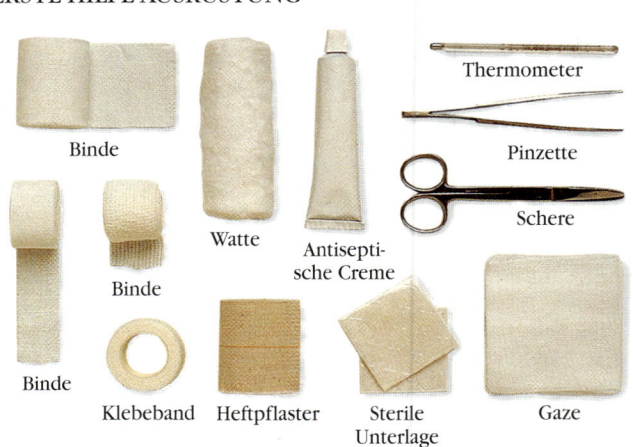

Binde

Thermometer

Pinzette

Schere

Watte

Antiseptische Creme

Binde

Binde

Klebeband   Heftpflaster   Sterile Unterlage   Gaze

UMGANG MIT EINEM BEWUSSTLOSEN HUND

Ursachen einer Bewußtlosigkeit sind Ersticken, Stromschlag, Fast-Ertrinken, Vergiftung, Blutverlust, Gehirnerschütterung, Schock, Ohnmacht, Rauchinhalation, Diabetes und Herzversagen. Ist Ihr Hund augenscheinlich bewußtlos, dann rufen Sie seinen Namen, um zu prüfen, ob er reagiert. Zwicken Sie ihn fest zwischen den Zehen, und achten Sie gleichzeitig darauf, ob er dabei blinzelt. Ziehen Sie an einem Bein – zieht er das Bein wieder an? Legen Sie eine Hand fest auf seine Brust, um den Herzschlag zu ertasten. Heben Sie die Lefze an, und schauen Sie sich die Farbe des Zahnfleisches an. Ist es rosig und kehrt die rosige Farbe sofort zurück, wenn Sie hineingekniffen haben, dann schlägt das Hundeherz noch. Ist das Zahnfleisch blaß oder blau, kann eine Herzmassage notwendig werden.

Blasses oder blaues Zahnfleisch kann auf einen lebensbedrohlichen Schock hindeuten

Der Schock kann den Herzschlag entweder abschwächen oder verstärken

KÜNSTLICHE BEATMUNG UND HERZMASSAGE

Versuchen Sie eine künstliche Beatmung oder eine Herzmassage nur dann, wenn Ihr Hund bewußtlos ist und ohne Ihre Hilfe sterben wird. Wenn Sie ihn aus dem Wasser gezogen haben, heben Sie ihn mindestens 30 Sekunden lang an den Hinterläufen hoch, um die Luftwege zu entleeren. Hat er einen Stromschlag erlitten, fassen Sie ihn erst an, nachdem Sie den Strom abgeschaltet haben. Droht er zu ersticken, dann pressen Sie kräftig die Rippen, um den Fremdkörper zu lösen. Sie sollten sich selbst nie in Gefahr bringen: Lassen Sie sich bei den Erste-Hilfe-Maßnahmen helfen und den Helfer die nächste Tierarztpraxis anrufen, um den Transport zu arrangieren.

Die Zunge wird ganz herausgezogen und Schmutz entfernt

1 Legen Sie den Hund auf die Seite, wobei der Kopf etwas tiefer liegt als der Rumpf, damit mehr Blut ins Gehirn gelangt. Machen Sie die Luftwege frei, indem Sie den Hals strecken, die Zunge nach vorn ziehen und die Mundhöhle mit zwei Fingern von Speichel oder Fremdkörpern befreien. Sorgen Sie auch dafür, daß die Nase nicht durch Schleim oder Schmutz verstopft ist. Können Sie das Herz nicht hören, beginnen Sie unverzüglich mit der Hermassage.

Halten Sie den Fang geschlossen, und verschließen Sie die Nasenöffnungen des Hundes mit dem Mund

2 Drücken Sie die Schnauze zusammen, halten Sie den Fang mit beiden Händen, und umschließen Sie die Nase mit dem Mund. Blasen Sie hinein, bis Sie sehen, daß sich die Brust weitet, und lassen Sie dann die Lunge ausatmen. Wiederholen Sie dies 10–20mal in der Minute, und überprüfen Sie alle 10 Sekunden den Puls, um sicherzugehen, daß das Herz schlägt.

Die Pumpbewegung treibt Blut zum Gehirn hin

3 Wenn der Herzschlag aussetzt, beginnen Sie sofort mit der Herzmassage. Legen Sie eine Handfläche auf die linke Brustseite unmittelbar hinter dem Ellbogen, dann die andere Hand darauf. Pressen Sie kräftig nach unten und vorne, um dem Gehirn Blut zuzuführen; pumpen Sie 80-100mal in der Minute. Führen Sie jeweils nach 20-25 Herzmassagen 10 Sekunden lang eine Mund-zu-Nase-Beatmung durch, bis das Herz wieder schlägt, dann setzen Sie die Wiederbelebungsversuche fort, bis die Atmung einsetzt. Ein sehr großer Schäferhund sollte auf dem Rücken liegen, und der Druck wird auf das Brustbein ausgeübt.

Achten Sie stets auf Schock

Der Schock ist ein potentiell lebensbedrohlicher Zustand, der eintritt, wenn der Kreislauf versagt. Ausgelöst wird er durch Erbrechen, Durchfall, Vergiftung, Tierbisse, Magendrehung, Blutungen und viele andere Erkrankungen oder Unfälle. Daß ein Schock vorliegt, kann einige Stunden lang unerkannt bleiben. Die Symptome sind blasses oder blaues Zahnfleisch, schnelle Atmung, ein schwacher oder beschleunigter Puls, kalte Extremitäten und allgemeine Schwäche. Die Schockbehandlung hat Vorrang vor anderen Verletzungen, auch Frakturen. Das wichtigste ist, daß Sie jeden Blutverlust stoppen, die Körperwärme aufrechterhalten und die lebenswichtigen Funktionen unterstützen. Wenn der Schock nicht die Folge eines Hitzeschlages ist, wickeln Sie Ihren Hund locker in eine warme Decke ein; legen Sie sein Hinterteil höher, stabilisieren Sie notfalls die Atmung und den Herzschlag, und rufen Sie sofort den Tierarzt. Gerät der Hund in Panik, müssen Sie ihn daran hindern, sich selbst weiter zu verletzen; und hüten Sie auch sich davor, gebissen zu werden.

Leichtere Verletzungen und Erkrankungen

Jeder Hundebesitzer sollte wissen, wie er seinem Vierbeiner im Falle einer Verletzung oder Erkrankung Medikamente einzugeben oder ihn vorsorglich zu behandeln hat. Ohren- und Pfotenverletzungen durch Beißereien oder scharfe Gegenstände sind nicht selten und müssen unter Umständen vor dem Eintreffen des Tierarztes verbunden oder sonstwie versorgt werden.

NOTVERBAND DES OHRES

1 Während ein Helfer den Hund beruhigt, wird auf die Wunde ein sauberes, möglichst nicht klebendes Stück Mull aufgelegt. Schneiden Sie von einer Strumpfhose einen breiten Streifen ab, und wickeln Sie ihn um Ihre Hand. Sprechen Sie besänftigend auf den Hund ein, und passen Sie auf, daß er Sie nicht aus Angst beißt.

Die Helferin kniet hinter dem Hund und beruhigt ihn

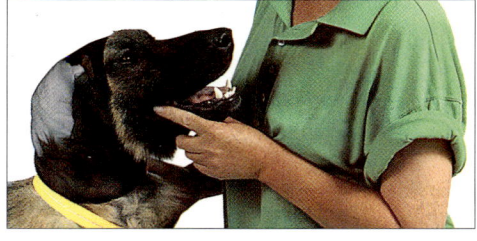

2 Während der Helfer den Mull auf das Ohr drückt, streifen Sie die Strumpfhose über den Kopf des Hundes. Dieser Druckverband fixiert das Ohr und fördert die Blutgerinnung.

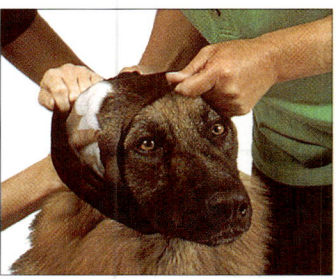

3 Befestigen Sie, falls notwendig, die Strumpfhose an beiden Enden mit Klebepflaster, um zu verhindern, daß sich der Hund die Bandage mit den Pfoten abreißt. Das Endergebnis ist ein ausgezeichnetes Provisorium, das auch den Vorteil hat, daß Luft an die Wunde gelangt. Sie sollten jedoch so bald wie möglich den Tierarzt aufsuchen, damit er die Verletzung gründlich untersuchen kann.

VERBINDEN EINER VERLETZTEN PFOTE

Beruhigen Sie den Hund mit Unterstützung eines Helfers. Um die Blutung zu stoppen, legen Sie sauberen Mull auf die Wunde, den Sie mit dehnfähiger Gaze fixieren, und umwickeln Sie die Pfote mit einer elastischen Binde. Legen Sie den Verband nicht zu fest an, damit der Blutkreislauf nicht behindert wird, und konsultieren Sie den Tierarzt, der vielleicht Antibiotika oder einen chirurgischen Eingriff für nötig hält. Wechseln Sie den Verband täglich, um das Infektionsrisiko zu verringern.

PROVISORISCHER SCHUTZ VOR BISSEN

Legen Sie vorsichtshalber ein Schnauzenband an, sofern die Atmung nicht zu schwach ist

1 Selbst das anhänglichste Tier kann einmal zubeißen, wenn es verletzt ist. Machen Sie, während ein Helfer den Hund festhält, eine Schlinge aus einem weichen Stoff (Strumpf, Binde oder Krawatte), und streifen Sie sie über den Fang.

2 Ziehen Sie die Schlinge sanft zu. Führen Sie die beiden Enden nach unten, und kreuzen Sie sie unter dem Unterkiefer. Ist der Hund verwirrt oder aufgeregt, reden Sie ihm beruhigend zu.

3 Schlingen Sie das Band hinter den Ohren zusammen und verknoten Sie es fest. Ist die Schnauze so fixiert, können Sie sich gefahrlos der Verletzung an anderen Körperteilen zuwenden.

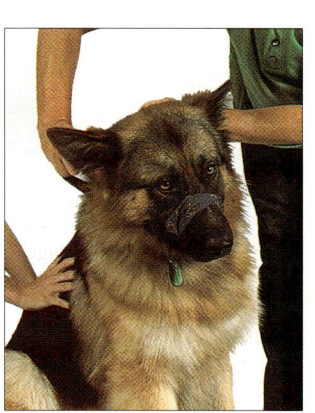

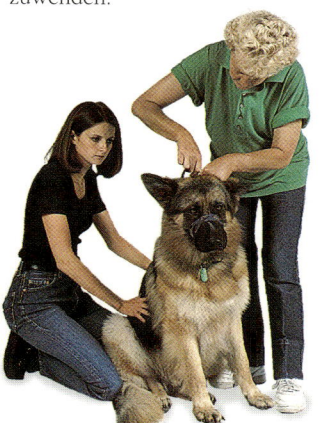

Der »spanische Kragen«

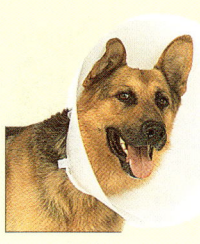

Ihr Tierarzt wird Ihnen vielleicht einen lampenschirmförmigen Halskragen mitgeben, um zu verhindern, daß der Rekonvaleszent an seiner Wunde kratzt oder herumknabbert. Der Hund sollte den Kragen stets tragen, solange er unbeaufsichtigt ist, doch er darf ihn beim Fressen oder beim Gassigehen an der Leine ablegen, weil Sie ihn dann vom Kratzen oder Knabbern abhalten können. Die Vorrichtung ist ziemlich lästig und wird nur unwillig akzeptiert.

MEDIKAMENTE EINGEBEN

1 Öffnen Sie den Fang des sitzenden Hundes, und schieben Sie die Pille so weit wie möglich nach hinten. Flüssige Medikamente kann man mit einer Spritze verabreichen.

2 Halten Sie den Fang zu, und streicheln Sie den Hals, um das Schlucken anzuregen. Noch einfacher: Tablette in einem Fleischstück verabreichen.

Der Ursprung der Rasse

Das erfolgreichste Hundezuchtprogramm der Welt wurde Ende des vorigen Jahrhunderts in Deutschland eingeleitet, und zwar mit einem Hund namens Horand, dessen edle Erscheinung und treues, aufgewecktes Wesen seinen Besitzer bewogen, eine neue Rasse zu begründen. Seinen hervorragenden Eigenschaften verdankt der Deutsche Schäferhund seine große weltweite Beliebtheit.

DER ERSTE DEUTSCHE SCHÄFERHUND

Der deutsche Rittmeister Max von Stephanitz kaufte 1899 auf einer kleinen Hundeausstellung einen fünfjährigen Hund mit Namen Hektor. Begeistert vom Aussehen und gehorsamen, aber temperamentvollen Wesen des Hundes, benannte er ihn in Horand von Grafrath um und gründete 2 Wochen später zusammen mit Artur Meyer den »Verein für Deutsche Schäferhunde (SV)«. Horand, der ein kurzes Fell hatte und ungefähr 60 cm hoch war, war der erste registrierte Deutsche Schäferhund. Der SV ist bis heute der größte Rassezuchtverein der Welt.

Horand von Grafrath

DIE NÄCHSTEN VERWANDTEN

Im späten 19. Jahrhundert gab es in Südbelgien, Holland und Norddeutschland eine Vielzahl von Hüte- und Hirtenhunden. Während die nahverwandten belgischen und holländischen Schäferhunde unterschiedlich klassifiziert werden, züchtete man alle Deutschen Schäferhunde nach dem SV-Standard, den Max von Stephanitz begründet hat. In unserem Jahrhundert wurde der Deutsche Schäferhund vielfach für die Erzüchtung neuer Rassen verwendet.

Groenendael (belgisch)
Langes, lockeres Haarkleid und schlanker, langer Fang

Tervueren (belgisch)
Nach dem 2. Weltkrieg beinahe ausgestorben

Malinois (belgisch)
Äußerlich dem Deutschen Schäferhund am ähnlichsten

Shiloh Shepherd

In den 1980er Jahren in den USA aus Deutschen Schäferhunden hervorgegangen und auf gesunde Hüftgelenke, größeres Gebäude und sanftes Wesen gezüchtet

Nederlandse Herdershond (Langhaar)

Weniger verbreitet als die belgischen Schäferhunde; kommt auch in einem kurz- und einem rauhhaarigen Schlag vor

Saarloos-Wolfshund

In den Niederlanden in den 1920er Jahren aus der Kreuzung zwischen Deutschem Schäferhund und kanadischem Timberwolf entstanden

Tschechischer Wolfshund

In der ehemaligen Tschechoslowakei in den 1950er Jahren aus Kreuzungen zwischen Deutschen Schäferhunden und heimischen Karpatenwölfen entstanden

Die Legende vom »Wolfsvetter«

Die imposante Gestalt, das dunkle Fell und die markante Erscheinung des Deutschen Schäferhundes haben manche zu der Annahme verführt, in die Rasse sei Wolfsblut eingekreuzt worden. Dem ist jedoch nicht so. Die Rasse ist aus Hunden hervorgegangen, die sich um vielleicht 1000 Generationen vom gemeinsamen Wolfsvorfahren entfernt haben. Durch die Auswahlzucht wurde das Aussehen des Schäferhundes nach und nach so verändert, daß es dem des Wolfes ähnelte. Die Versuche, den Deutschen Schäferhund mit Wölfen zu kreuzen, haben Hunde hervorgebracht, die nervöser, schwerer erziehbar und weniger gehorsam sind als rassereine Deutsche Schäferhunde.

Fortpflanzung

Die Vermehrung von Schäferhunden ist einfach, da Rüden wie Hündinnen von Hause aus gut züchten. Doch ob Sie mit Ihrem Hund züchten wollen, müssen Sie verantwortungsbewußt entscheiden – mit fachmännischem Beistand und im wohlverstandenen Interesse der Rasse.

DER PAARUNGSTRIEB

Gesunde Rüden können schon mit 10 Monaten für die Zucht verwendet werden. Bei der Hündin wartet man besser, bis sie etwa 2 Jahre alt ist, wenn sie ungefähr zum drittenmal läufig wird und innerlich reif für die Mutterschaft ist. Der Eisprung erfolgt gewöhnlich 10–12 Tage nach den ersten Anzeichen des Blutabgangs und der Scheidenschwellung. Am erfolgreichsten verläuft die Paarung meist auf dem heimischen Gelände des Rüden.

TRÄCHTIGKEITSDIAGNOSE

Die Ovulation, der beste Zeitpunkt für die Paarung, wird durch einen erhöhten Spiegel des Hormons Progesteron im Blut exakt angezeigt. Die Trächtigkeit kann dagegen nicht durch Blut- oder Urintests festgestellt werden. Ultraschalluntersuchungen nach etwa 3 Wochen oder eine etwas spätere körperliche Untersuchung sind die besten Diagnoseverfahren.

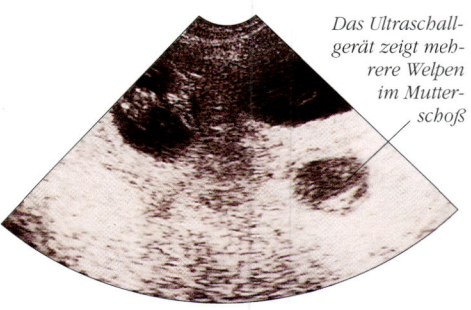

Das Ultraschallgerät zeigt mehrere Welpen im Mutterschoß

Unerwünschte Trächtigkeit

Eine unerwünschte Trächtigkeit kann man verhindern durch strenge Überwachung der läufigen Hündin, durch Tabletten oder Spritzen, die den Eisprung unterbinden, oder durch Kastration. Wird Ihre Hündin trotzdem trächtig, konsultieren Sie Ihren Tierarzt. Er kann die Trächtigkeit innerhalb von 3 Tagen nach der Kopulation mit einer Hormoninjektion abbrechen. Die Folge ist jedoch eine erneute Läufigkeit, die 8–15 Tage nach dem ersten Scheidenausfluß erhöhte Wachsamkeit erfordert.

DIE BEDÜRFNISSE DER TRÄCHTIGEN HÜNDIN

Im ersten Monat der Trächtigkeit soll sich die Hündin weiterhin so frei bewegen wie bisher. Danach wird sie wegen des zunehmenden Gewichts der Leibesfrüchte langsamer und bedächtiger. Nach der 6. Woche soll die Nahrungszufuhr allmählich gesteigert werden, so daß die Hündin zum vorausberechneten Wurftermin 30 Prozent mehr zu sich nimmt als normal. Verfüttern Sie eine ausgewogene kalzium- und phosphorhaltige Kost, um ein kräftiges Knochenwachstum zu fördern.

MÄNNLICHES UND WEIBLICHES FORTPFLANZUNGSSYSTEM

Eine Hündin wird zweimal im Jahr läufig. Sie ist in jedem Zyklus an 3 Tagen fruchtbar und läßt die Begattung nur in dieser Zeit zu. Die Rüden paaren sich liebend gern das ganze Jahr über.

Bei der Hündin erfolgen die Ovulationen das ganze Leben lang; eine Menopause gibt es nicht. Allerdings ist die Zucht in späteren Jahren riskant. Die Tragdauer beträgt etwa 63 Tage.

Verantwortungsvolle Zucht

Wenn Sie mit Ihrem Schäferhund züchten wollen, sollten Sie sich mit Ihrem Tierarzt oder einem erfahrenen Züchter beraten. Vergewissern Sie sich, daß die Körper- und Wesenseigenschaften der zukünftigen Hundeeltern der Rasse förderlich sind. Beide Partner sollten auf bestimmte Erbkrankheiten hin untersucht werden, vor allem auf Hüftgelenksdysplasie, die sich durch eine Röntgenaufnahme feststellen läßt. Der Tierarzt wird vielleicht auch einen Test auf Bruzellose, eine Geschlechtskrankheit des Hundes, vorschlagen. Bedenken Sie, daß es unfair ist, einen Wurf Welpen zuzulassen, der unerwünscht oder krank ist. Sie sind verpflichtet, für jedes Hundekind ein gutes Plätzchen zu finden.

Verhinderung der Trächtigkeit

Die Kastration ist die wirksamste und sicherste Methode, unerwünschten Nachwuchs zu verhindern. Die Hündin ist gewöhnlich die erste Anwärterin, da sie die Jungen austrägt. Bei ihr werden Eierstöcke und Gebärmutter entfernt, dann braucht sie 1 Woche Ruhe. Der Eingriff beim Rüden ist unkomplizierter: Hier wird ein kleiner Schnitt in den Hodensack gemacht, und die Hoden werden entfernt.

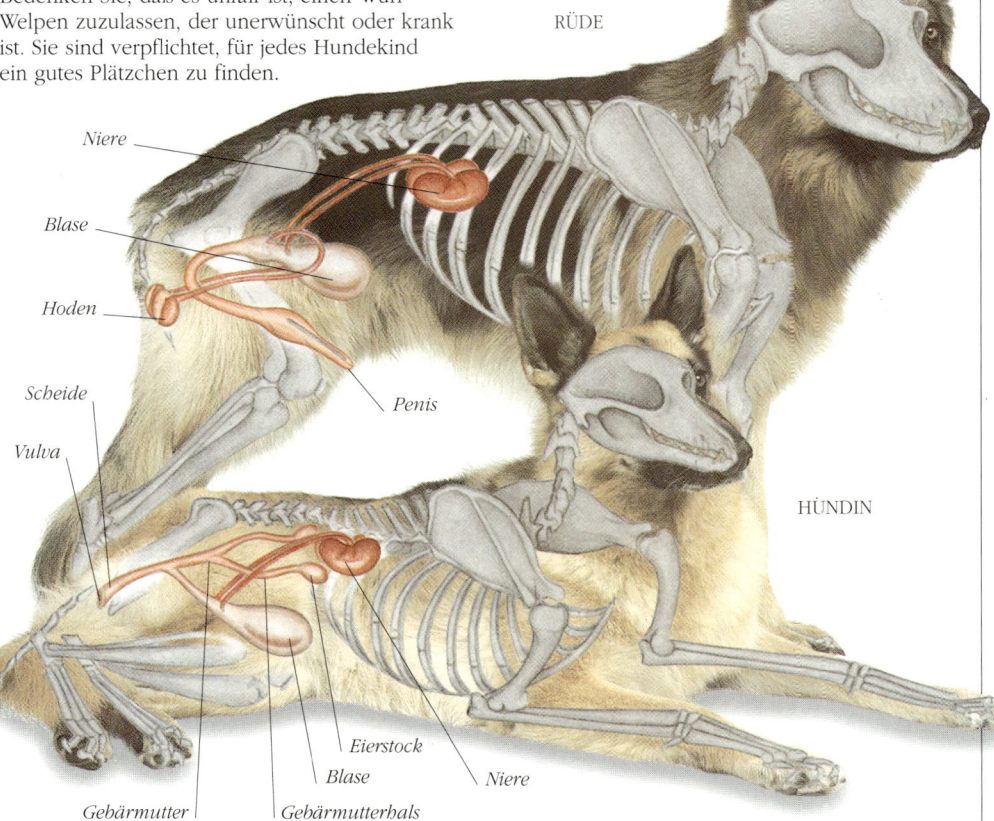

RÜDE

Niere

Blase

Hoden

Scheide

Vulva

Penis

HÜNDIN

Gebärmutter

Eierstock

Blase

Gebärmutterhals

Niere

Vor und nach der Geburt

Wenn der Tag der Geburt näher rückt, machen Sie die werdende Hundemutter mit ihrem Wurflager vertraut, und bitten Sie den Tierarzt, sich bereitzuhalten, falls Probleme auftauchen sollten. Bei Schäferhündinnen gibt es zwar selten Schwierigkeiten, aber es ist gut, wenn man sich bei der Geburt und hinterher bei der Versorgung schwacher Welpen auf professionelle Hilfe stützen kann.

DAS WURFLAGER

Einige Wochen vor dem Wurftermin sollten Sie die Hündin mit ihrem Wurflager vertraut machen. Ideal ist eine Wurfkiste aus wasserfest beschichtetem Sperrholz mit einer Länge und Breite von mindestens 1,20 m. Die Seitenwände sollten 45–50 cm hoch sein, damit die Welpen nicht ausreißen können. In die vordere Wand wird eine verschließbare Klappe eingearbeitet, die der Mutter einen leichten Zugang ermöglicht. Beginnen Sie damit, Zeitungen zu sammeln; Sie werden in den nächsten beiden Monaten viel Papier für die Auskleidung der Kiste und als »Bettzeug« für die Welpen brauchen.

Die werdende Hundemutter fühlt sich geborgen in der speziell angefertigten Wurfkiste

Geburtshilfe

Wenn Sie noch nie bei einer Hundegeburt dabei waren, sollten Sie einen erfahrenen Züchter um Beistand bitten und bei Beginn der Wehen Ihren Tierarzt informieren. Halten Sie die Raumtemperatur konstant auf etwa 25 °C. Wenn nach 2 Stunden noch kein Welpe geboren ist, fragen Sie den Tierarzt nochmals um Rat. Vielleicht muß zur Erleichterung des Geburtsvorgangs die Lage des Welpen verändert werden. In wenigen Fällen ist bei Schäferhündinnen auch ein Kaiserschnitt notwendig. Legen Sie eine mit einem Handtuch bedeckte Wärmeflasche in einen Karton, den Sie für die Aufnahme der Neugeborenen bereithalten. Der Karton kann auch für den Transport der Welpen verwendet werden, wenn die Mutter und der Wurf zum Tierarzt gebracht werden müssen.

ANZEICHEN DER BEVORSTEHENDEN GEBURT

Die Hündin wird wahrscheinlich kurz vor der Geburt die Nahrungsaufnahme verweigern. Sie wandert auf der Suche nach dem Wurflager unruhig umher und beginnt das »Bettzeug« zu zerfetzen, um ein Nest für ihre Welpen zu bereiten. Ihre Körpertemperatur fällt ab, und sie atmet heftig. Wenn das Fruchtwasser abgeht und die Wehen einsetzen, steht die Geburt unmittelbar bevor. Vermeiden Sie Störungen, und halten Sie andere Tiere und fremde Personen von der Hündin fern.

DIE NEUGEBORENEN

Die Neugeborenen saugen gierig

Reiben Sie jeden Welpen mit einem Handtuch sofort trocken, und säubern Sie seine Nase von Schleim; alle Neugeborenen sollten winseln und zappeln. Bieten Sie der Mutter während der Niederkunft warme Milch an. Gönnen Sie ihr Ruhe, nachdem die Nachwehen aufgehört haben und alle Nachgeburten ausgestoßen worden sind. Legen Sie jeden Welpen an eine Zitze an. In den folgenden Wochen braucht die Hündin reichlich Futter – in der Hauptsäugezeit bis zu viermal mehr als sonst.

HILFE FÜR EINEN SCHWACHEN ODER VERSTOSSENEN WELPEN

Hilfe beim Saugen

Im Schnitt ist einer von 7 Welpen bei der Geburt ziemlich klein und schwach. Solche Kümmerlinge sind oft nicht so gesund wie der übrige Wurf, und wenn sie sich selbst überlassen bleiben, sterben sie meist nach wenigen Tagen. Als Überlebenshilfe legen Sie einen schwächlichen Welpen an die Zitzen an, die die beste Milch liefern.

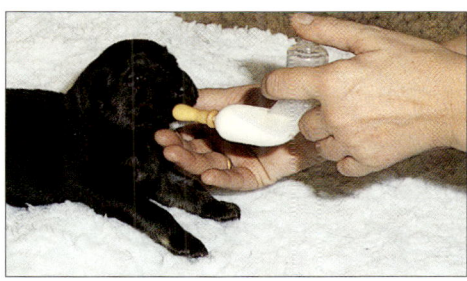

Flaschennahrung

Wenn bei einem gesunden, großen Wurf einfach nicht genug Milch für alle da ist oder wenn die Mutter behindert ist oder ihren Nachwuchs im Stich läßt, verwenden Sie als Ersatz eine künstliche Hundemuttermilch. Die Flaschenmilch wird anfangs alle 2–3 Stunden gereicht: Erkundigen Sie sich beim Tierarzt nach der richtigen Dosierung.

AUFZUCHT DES WURFS

In den ersten 3 Wochen sind die Welpen ganz auf ihre Mutter angewiesen

Nach der 3. Woche beginnen die Welpen ihre Umgebung zu erkunden; mit 12 Wochen sind alle Sinne voll entwickelt. Streicheln und pflegen Sie alle Welpen regelmäßig, damit sie sich daran gewöhnen, von Menschen angefaßt zu werden, doch nehmen Sie Rücksicht auf den Beschützerinstinkt der Hundemutter. Werden die Kleinen schon früh allmählich mit neuen Anblicken und Geräuschen vertraut gemacht, wachsen sie eher zu umgänglichen, anpassungsfähigen Alttieren heran.

Ein Neugeborener kann schon krabbeln

Ausstellungsvorbereitungen

Die Teilnahme an einer Hundeschau kann viel Spaß machen, doch Sie und Ihr Schäferhund sollten sich gut darauf vorbereiten. Lehren Sie Ihren Hund, sich manierlich zu benehmen, und sorgen Sie dafür, daß er in bester Verfassung ist, denn er wird an einem Rassestandard gemessen, der die idealen Körper- und Wesensmerkmale eines »vollkommenen« Schäferhunds beschreibt.

GRUNDAUSSTATTUNG FÜR SIE UND IHREN HUND

Halsband und Leinen

Sie brauchen ein schlichtes Halsband, das es dem Preisrichter gestattet, den Hals des Hundes unbehindert zu inspizieren, und eine etwa 1,50 m lange dünne Leine. Bei einer »Bench-Show«, wo die Hunde in Boxen untergebracht werden, benötigen Sie eine kurze Kette, mit der Ihr Hund sicher an seinem zugewiesenen Platz angebunden werden kann, außerdem einen Anhänger mit der Identifikationsnummer.

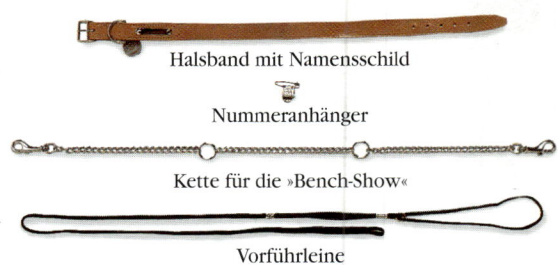

Halsband mit Namensschild

Nummeranhänger

Kette für die »Bench-Show«

Vorführleine

Transport und Zubehör

Am besten reist Ihr Hund in einer Transportbox im Wagenheck. Packen Sie für ihn Futter- und Wasservorräte sowie seine Näpfe ein. Denken Sie auch an die Erfrischungen, die Sie selbst brauchen. Wichtig sind Klappstühle und ein großer Schirm als Sonnen- und Regenschutz, ebenso Plastikbeutel oder ein Schäufelchen für die Beseitigung von Hundedreck. Ein Handtuch ist praktisch für die Pfotenreinigung. Bewahren Sie alle Pflegeutensilien, die Sie auf der Ausstellung brauchen, in einer eigenen Tasche auf.

DIE AUSTELLUNGSANFORDERUNGEN

Besuchen Sie Hundeschauen zuerst einmal allein, um sich ein genaues Bild zu machen. Bei Gebrauchshundprüfungen müssen die Hunde zum Gehorsam und zu allerlei speziellen Fertigkeiten abgerichtet sein, bei allgemeinen Zuchtschauen kommt es nur auf Schönheit und Wesenseigenschaften an. Dafür muß das Fell in gutem Zustand sein, die Ohren frei von Ohrenschmalz und die Zähne frei von Zahnstein. Baden Sie Ihren Hund einige Tage vor der Ausstellung, damit sich der Fellglanz durch Einfetten auf natürliche Weise erneuern kann.

Mit einem weichen Lederfäustling wird das Fell auf Hochglanz gebracht

DAS GUTE BENEHMEN IM RING

Die richtige Körperhaltung

Lassen Sie sich von einem Profizüchter erklären, wie Sie Ihrem Hund die korrekte Körperhaltung im Ausstellungsring beibringen können. Dies gehört zu den merkwürdigen Ritualen des Ausstellungswesens. Die Richter haben es am liebsten, wenn die Hunde in die »Schauposition« gebracht werden und darin verharren, so daß die Rückenlinie, die Hinterläufe und der Kopf inspiziert und beurteilt werden können.

Der Hundekopf wird angehoben

Die Hinterläufe werden so ausgerichtet, daß beide im Profil sichtbar sind

Zulassung einer sorgfältigen Prüfung

Ein erfolgreicher Ausstellungshund ist von klein auf daran gewöhnt worden, daß Fremde seinen Körper genau untersuchen. Belohnen Sie Ihren Hund, wenn er sich von unbekannten Menschen so anfassen läßt, wie es ein Richter tun würde. Er muß zulassen, daß man seine Hinterhand betastet, den Fang öffnet und das Gebiß prüft. Die Richter geben Hunden, die nicht nur schön, sondern auch umgänglich sind, stets den Vorzug.

EIN AUFREGENDES EREIGNIS

Eine Hundeschau ist aufregend für die Hundebesitzer, weil sie auf einen Sieg hoffen, und auch für die Tiere, weil sie dort mit vielen Artgenossen zusammenkommen. Ohne frühes und beständiges Training werden manche Hunde übereifrig und interessieren sich mehr für das Spiel mit anderen Hunden als für die Vorstellung im Ring. Bringen Sie Ihrem Schäferhund bei, sich in Anwesenheit fremder Hunde zu entspannen, und beruhigen Sie ihn vor dem großen Auftritt.

Die Kostenfrage

Die Vorführung Ihres Schäferhundes kann preiswert oder ungewöhnlich kostspielig sein. Wenn Sie Ihren Hund selbst vorstellen, fallen nur die Kosten für die Zulassung, den Transport und die Unterbringung an. Bei Ausstellungen auf höherer Ebene werden oft professionelle Helfer eingesetzt. Das kann ins Geld gehen, und nur selten ist ein Hund so erfolgreich, daß die Ausgaben durch Deckgelder oder Welperverkauf wieder hereinkommen. Wenn Sie nicht ernsthaft am Ausstellungsbetrieb interessiert sind, ist es vernünftiger, das Ganze als eine amüsante Abwechslung für Sie und Ihren Hund zu betrachten.

Wie es auf einer Schau zugeht

Das Ausstellungswesen umfaßt informelle lokale Wettbewerbe, offene Zuchtschauen für alle Rassen und Spezialschauen etwa für Schäferhunde. Überall
gelten eigene Regeln, doch alle haben das gleiche Ziel: die Suche nach einem
wirklich herausragenden Hund. Eine Hundeschau kann für Hundehalter und
Hunde gleichermaßen ein lohnendes gesellschaftliches Ereignis sein.

AUFENTHALT IN BOXEN

Auf manchen Ausstellungen werden die Hunde in
erhöhten, numerierten Boxen (»Benches«) untergebracht. Sichern Sie Ihren Hund mit einer speziellen Halskette, und geben Sie ihm etwas zu trinken. Jemand sollte bei der »Bank« bleiben, damit
sich der Hund nicht langweilt. Füttern Sie ihn erst
nach seiner Vorführung.

*Mit dem Kamm
wird das Fell in
letzter Minute in
Ordnung gebracht*

FELLPFLEGE FÜR DEN RING

Kurz vor dem Auftritt im Ring sollten Sie ein letz-
tes Mal das Fell Ihres Hundes kämmen, damit er
makellos aussieht. Das wirkt außerdem beruhigend auf ihn und Sie. Vorher sollte er auch noch
einmal »austreten« dürfen.

DIE VORFÜHRUNG

Wenn Sie aufgerufen werden, gehen
Sie in den Ring, und bringen Sie Ihren
Hund in die »Schauposition«. Der Richter
untersucht das Gebäude im einzelnen, um
festzustellen, wie weit es dem Rassestandard entspricht. Mischen Sie sich während
der Inspektion so wenig wie möglich ein,
doch heben Sie den Kopf des Hundes an.
Das Wesen des Tiers wird ebenfalls bewertet; jede Nervosität, Störrischkeit oder
Aggression wird negativ vermerkt.

*Der Besitzer hält den Hund
während der Begutachtung
sanft fest*

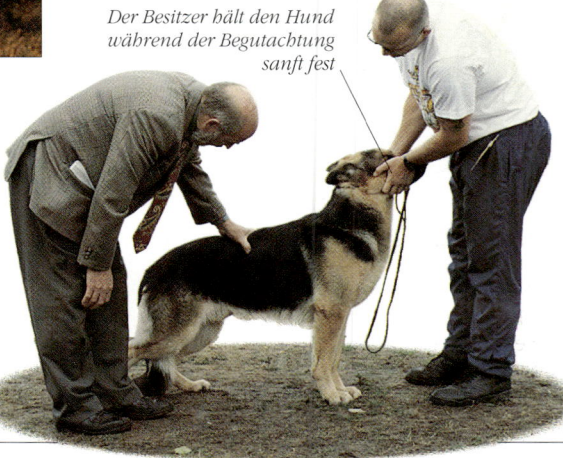

ENTSPANNUNG IN DER AUFREGUNG

Ausstellungen sind Wettbewerbe, doch für viele Hundehalter auch eine schöne Freizeitbeschäftigung: Man lernt Gleichgesinnte kennen und verbringt einen abwechslungsreichen Tag mit seinem Hund.

AUFMARSCH DER FINALISTEN

Nach den Einzelbewertungen werden 5 oder 6 Hunde ausgewählt, die noch einmal inspiziert werden. Der Richter stellt dann die Finalisten gemäß der errungenen Punktezahl auf und verteilt Rosetten und Diplome für den ersten, zweiten und dritten Platz usw.

BEURTEILUNG DES GANGWERKS

Jeder Hund muß um den Ring herumgeführt werden, damit der Richter seinen Bewegungsablauf beurteilen kann. Die Tiere sollten sich selbstsicher und mit müheloser Eleganz fortbewegen; ein gestelzter oder zögerlicher Gang wird moniert. Wichtig ist auch die Harmonie zwischen Vorführer und Hund. Manche Schäferhunde sind geborene Showtalente, die gern im Rampenlicht paradieren, aber andere finden das Ganze ziemlich langweilig

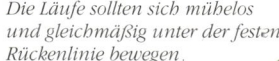

Die Läufe sollten sich mühelos und gleichmäßig unter der festen Rückenlinie bewegen

DER BESTE SEINER RASSE

Siegerhunde besitzen die körperlichen Merkmale eines Champions und werden zu einem »Star«. Es ist eine große Leistung, wenn Ihr Hund einen Preis davonträgt. Doch ideales Aussehen und Schauwert sind nicht die einzigen Kriterien für einen hervorragenden Hund. Jeder Schäferhund, der kerngesund ist und ein gutes Wesen hat, kann sich ebenfalls als Sieger fühlen.

Spezialausbildung

Der Deutsche Schäferhund ist aus guten Gründen der beliebteste Diensthund
der Welt. Er ist gehorsam, schnell, wendig und reagiert zuverlässig auf Befehle.
Schäferhunde lassen sich zu einem hohen Leistungsniveau abrichten und
schneiden bei Wettbewerben hervorragend ab, aber mit ihrem Mut und
Schutztrieb geben sie auch tüchtige Schutz- und Polizeihunde ab.

POLIZEI- UND SCHUTZDIENST

Bewachen und Verteidigen

Viele Rassen werden von Privatleuten und öffent-
lichen Einrichtungen als Schutzhunde verwendet,
doch der zuverlässige Deutsche Schäferhund hat
sich durchweg am besten bewährt. Früher wurden Schäferhunde unter Zufügung von Schmerzen abgerichtet. Heute bedient man sich im allgemeinen weniger aggressiver Methoden und
gewinnt so ausgeglichenere, aber nicht minder
effiziente Wach- und Schutzhunde.

Hilfspolizist auf Streife

Wegen ihrer Wachsamkeit, Treue und Folgsamkeit
eignen sich Deutsche Schäferhunde ideal für den
Polizeidienst, in dem Hund und Hundeführer auf
der Grundlage gegenseitigen Vertrauens zusam-
menarbeiten. Manche vierbeinigen »Kommissare«
werden im Dienst sogar mit Videokameras aus-
gerüstet, so daß der Hunde-
führer genau das sieht, was
der Hund sieht. Polizeihunde
werden eher zum Apportieren
als zum Attackieren abgerichtet. Die Ausbildung beginnt
damit, daß der Hund einen
wattierten hölzernen »Arm«
holt, und endet damit, daß er
einen »Verbrecher« am Arm
herbeiholt. Ein so abgerichte-
ter Schäferhund ist absolut
zuverlässig: Er läßt sich in der
einen Minute auf einer belebe-
ten Straße von Kindern streicheln und kann in der nächsten einen Übeltäter jagen
und stellen.

GEHORSAMSPRÜFUNGEN FÜR FORTGESCHRITTENE

Apportieren einer Hantel

Gehorsamstests sind eine gute geistige Stimulierung. Beginnen Sie mit den Übungen nach 6 Monaten, nachdem Ihr Hund das Gehen an der Leine und die grundlegenden Kommandos beherrscht. Das Fortgeschrittenentraining umfaßt enges und schnelles Gehen bei Fuß, Apportieren, anhaltendes Sitzen und Abliegen (auch in Abwesenheit des Besitzers) und Geruchserkennung.

Das »Voraussenden«

Eine anspruchsvollere Gehorsamsübung ist das »Voraussenden«: Der Hund wird in ein abgestecktes quadratisches Feld geschickt, muß sich auf Kommando umdrehen, mit dem Gesicht zum Halter hinlegen und dann zurückkommen.

GESCHICKLICHKEITSÜBUNGEN

Erklettern einer Leiter

Bei den sogenannten »Agility«-Kursen, die allen Hunden offenstehen, geht es um Schnelligkeit. Der Schäferhund ist zwar nicht so schnell wie einige andere Rassen, schneidet aber dank seiner Behendigkeit sehr gut ab. Das Erklettern einer Leiter ist ein schwieriger Geschicklichkeitstest, der vor allem in der Polizeihundeausbildung gefordert wird.

Hürdenspringen

Die »Agility«-Arbeit erfordert Geschicklichkeit, Selbstvertrauen und sofortige Reaktion auf Befehle. Sie ist ein gutes Ventil für überschüssige Energie. Zum Standardrepertoire gehören Schrägsprungwände, Hürden, Reifen, Slalomstangen, Tunnel und Wippen. Das Training verlangt viel Geduld. Beginnen Sie damit, wenn Ihr Hund 1 Jahr alt ist, und zwar in einem Hundesportverein.

Dienstleistungsaufgaben

Obwohl der Deutsche Schäferhund eine vergleichsweise junge Rasse ist, kann er als Helfer des Menschen bereits eine hervorragende Bilanz aufweisen. Nachdem er zunächst im Krieg eingesetzt wurde, übernahm er schon bald neue Aufgaben als Polizei-, Schutz- und Wachhund, als Helfer von Behinderten und als Such-, Rettungs- und Spürhund.

EINE RUHMREICHE VERGANGENHEIT

Zu Beginn unseres Jahrhunderts arbeitete der Deutsche Schäferhund als Bauernhund, der Haus und Hof bewachte. Als dann der Erste Weltkrieg ausbrach, ergaben sich für ihn neue Aufgaben, die er dank seiner Anpassungsfähigkeit und Vielseitigkeit ausgezeichnet erfüllte. Er diente als Sanitätshund, der Verwundete aufspürte und mit Verbandsmaterial versorgte; er wurde Meldehund, der Meldungen in die vordersten Linien überbrachte; er leistete Wachdienst und beschützte Munitionsdepots; und er wurde sogar als Kabelleger verwendet. Nach dem Krieg nahmen englische und amerikanische Soldaten Schäferhunde in ihre Heimat mit, wo die Rasse, da ihr »deutscher« Name verpönt war, bis zu den 1970er Jahren »Alsatian« (Elsässer) genannt wurde. Inzwischen hatte sich das Dienstleistungsrepertoire des Schäferhundes beträchtlich erweitert.

ERSTE FÜHRHUNDE

Im Ersten Weltkrieg wurden in Deutschland Schäferhunde als Führhunde für erblindete Soldaten abgerichtet. Die Blindenhundausbildung wurde in der Schweiz weitergeführt und in den 1930er Jahren von Frankreich, England und Nordamerika übernommen. Das Foto zeigt Buddy III, einen der ersten offiziellen Führhunde, die aus der Schweiz in die USA gelangten. In den 1950er Jahren war der Deutsche Schäferhund der weltweit beliebteste Helfer der Blinden. In vielen Ländern ist er nach wie vor die bevorzugte Führhundrasse.

AUSBILDUNG ZUM FÜHRHUND

Deutsche Schäferhunde werden selektiv auf gute Konstitution und die für die Führhund-arbeit notwendigen Fähigkeiten gezüchtet. Die Grundausbildung im Welpenalter er-folgt vielfach in den Häusern von frei-willigen Helfern. Die formelle Abrich-tung wird dann in speziellen Trainings-zentren durchgeführt, wo der Hund lernt, für seinen blinden Partner zu se-hen und zu denken und ihn vor Hinder-nissen und Gefahren zu warnen. Auch die Halter werden im Umgang mit ihrem Führhund unterwiesen.

SUCH- UND RETTUNGSAUFGABEN

Bei Erdbeben und Lawinenabgängen leisten als Such- und Rettungshunde ausgebildete Schäfer-hunde Hervorragendes. Viele arbeiten auch im Gebirge, wo sie verirrte Bergsteiger im Nebel oder in unwegsamem Gelände aufspüren. Die Hunde machen durch Bellen oder Wühlen auf verschüttete Menschen aufmerksam.

Idealer Partner der Polizei

Polizei und Sicherheitsdienste setzen den Schäferhund vielseitig ein – für die Rettung und Bergung, für die Fährtensuche, die Verteidigung und die Mannarbeit. Hund und Hundeführer arbeiten als Team. Im Idealfall

erwirbt der Führer seinen Hund schon als Welpen und zieht ihn in seiner Fa-milie auf, wo er ihm den Grundgehorsam mit Un-terstützung der Polizei-hundeschule beibringt. Ist der Hund voll ausgewach-sen, wird die Ausbildung in der Schule fortgesetzt. In seiner ganzen »Lebens-arbeitszeit« wird der Hund immer wieder trai-niert und geprüft. Den Lebensabend verbringen diese Tiere meist im Hau-se des Hundeführers.

SPURENSUCHE

Der Zoll und andere Behörden verwenden oft Schäferhunde für das Aufspüren von illegalen Drogen, Sprengstoffen und anderen verbotenen Gegenständen an den Grenzen, in Flughäfen und Häfen. Dabei arbeiten die Hunde sowohl im offenen Gelände als auch in Gebäuden.

Rassestandard

Der Rassestandard, der in den einzelnen Ländern leicht voneinander abweichen kann, beschreibt den idealen Deutschen Schäferhund. Ausstellungshunde werden bewertet anhand dieser offiziellen Zusammenstellung der Körper- und Wesensmerkmale, die ein »vollkommenes« Exemplar der Rasse charakterisieren.

Deutscher Schäferhund

Fassung des Standards 1993, herausgegeben vom Verein für Deutsche Schäferhunde (SV) e.V., Augsburg, im Verband für das Deutsche Hundewesen (VDH).

ALLGEMEINES ERSCHEINUNGSBILD

Der Deutsche Schäferhund ist mittelgroß, leicht gestreckt, kräftig und gut bemuskelt, die Knochen trocken und das Gesamtgefüge fest.

Wichtige Maßverhältnisse

Die Widerristhöhe beträgt für Rüden 60 cm bis 65 cm, bei Hündinnen 55 cm bis 60 cm. Die Rumpflänge übertrifft das Maß der Widerristhöhe um etwa 10–17 %.

Wesen

Der Deutsche Schäferhund muß vom Wesensbild her ausgeglichen, nervenfest, selbstsicher, absolut unbefangen und (außerhalb einer Reizlage) gutartig sein, dazu aufmerksam und führig. Er muß Mut, Kampftrieb und Härte besitzen, um als Begleit-, Wach-, Schutz-, Dienst- und Hütehund geeignet zu sein.

Kopf

Der Kopf ist keilförmig, der Körpergröße entsprechend (Länge etwa 40% der Widerristhöhe), ohne plump zu sein oder überstreckt zu sein, in der Gesamterscheinung trocken, zwischen den Ohren mäßig breit. Die Stirn ist von vorn und von der Seite gesehen nur wenig gewölbt und ohne oder mit nur schwach angedeuteter Mittelfurche.
Das Verhältnis von Oberkopf zu Gesichtsteil beträgt 50% zu 50%. Die Oberkopfbreite entspricht in etwa der Oberkopflänge. Der Oberkopf geht (von oben gesehen) von den Ohren zur Nasenkuppe sich gleichmäßig verjüngend mit schräg verlaufendem, nicht scharf ausgebildetem Stirnabsatz in den keilförmig verlaufenden Gesichtsteil (Fangteil) des Kopfes über. Ober- und Unterkiefer sind kräftig ausgebildet. Der Nasenrücken gerade, eine Einsattelung oder Aufwölbung ist nicht erwünscht. Die Lippen sind straff, gut schließend und von dunkler Färbung.

Die Nase

muß schwarz sein.

Das Gebiß

muß kräftig, gesund und vollständig sein (42 Zähne gemäß der Zahnformel). Der Deutsche Schäferhund hat ein Scherengebiß, d. h. die Schneidezähne müssen scherenartig ineinandergreifen, wobei die Schneidezähne des Oberkiefers scherenartig die des Unterkiefers überschneiden. Auf-, Vor- und Rückbeißen ist fehlerhaft, ebenso größere Zwischenräume zwischen den Zähnen (lückenhafte Stellung). Fehlerhaft ist ebenso die gerade Zahnleiste der Schneidezähne. Die Kieferknochen müssen kräftig entwickelt sein, damit die Zähne tief in die Zahnleiste eingebettet sein können.

Die Augen

sind mittelgroß, mandelförmig, etwas schrägliegend und nicht hervortretend. Die Farbe der Augen soll möglichst dunkel sein. Helle, stechende Augen sind nicht erwünscht, da sie den Ausdruck des Hundes beeinträchtigen.

Ohren

Der Deutsche Schäferhund hat Stehohren von mittlerer Größe, die aufrecht und gleichgerichtet getragen werden (nicht seitwärts eingezogen), sie sind spitz auslaufend und mit der Muschel nach vorn gestellt. Kippohren und Hängeohren sind fehlerhaft. In der Bewegung bzw. in Ruhestellung nach hinten angelegt getragene Ohren sind nicht fehlerhaft.

Hals

Der Hals soll kräftig, gut bemuskelt und ohne lose Kehlhaut (Wamme) sein. Die Zuwinkelung zum Rumpf (Horizontale) beträgt ca. 45%.

Körper

Die Oberlinie verläuft vom Halsansatz an über den gut ausgebildeten Widerrist und über den zur Horizontalen ganz leicht abfallenden Rücken bis zur leicht abfallenden Kruppe ohne sichtbare Unterbrechung. Der Rücken ist fest, kräftig und gut bemuskelt. Die Kruppe soll lang und leicht abfallend (ca. 23° zur Horizon-

talen) sein und ohne Unterbrechung der Oberlinie in den Rutenansatz übergehen.

Die Brust

soll mäßig breit sein, die Unterbrust möglichst lang und ausgeprägt. Die Brusttiefe soll etwa 45% bis 48% der Widerristhöhe betragen.
Die Rippen sollen mäßige Wölbung aufweisen, tonnenförmige Brust ist ebenso fehlerhaft wie Flachrippigkeit.

Die Rute

reicht mindestens bis zum Sprunggelenk, jedoch nicht über die Mitte des Hintermittelfußes hinaus. Sie ist an der Unterseite etwas länger behaart und wird in sanft herabhängendem Bogen getragen, wobei sie in der Erregung und in der Bewegung stärker angehoben getragen wird, jedoch nicht über die Horizontale hinaus. Operative Korrekturen sind verboten.

GLIEDMASSEN

Vorhand

Die Vordergliedmaßen sind von allen Seiten gesehen gerade, von vorn gesehen absolut parallel.
Schulterblatt und Oberarm sind von gleicher Länge und mittels kräftiger Bemuskelung fest am Rumpf angelagert. Die Winkelung von Schulterblatt und Oberarm beträgt im Idealfall 90°, im Regelfall bis 110°.
Die Ellenbogen dürfen weder im Stand noch in der Bewegung ausgedreht werden und ebenso nicht eingedrückt sein. Die Unterarme sind von allen Seiten gesehen gerade und zueinander absolut parallel stehend, trocken und fest bemuskelt. Der Vordermittelfuß hat eine Länge von ca. 1/3 des Unterarmes und hat einen Winkel von ca. 20° bis 22° zu diesem. Sowohl ein zu schräg stehender Vordermittelfuß (mehr als 22°) als auch ein steil stehender Vordermittelfuß (weniger als 20°) beeinträchtigen die Gebrauchseignung, insbesondere die Ausdauerfähigkeit.

Die Pfoten sind rundlich, gut geschlossen und gewölbt, die Sohlen hart, aber nicht spröde. Die Nägel sind kräftig und von dunkler Farbe.

Hinterhand

Die Stellung der Hinterläufe ist leicht rückständig, wobei die Hintergliedmaßen von hinten gesehen parallel zueinander stehen. Oberschenkel und Unterschenkel sind von annähernd gleicher Länge und bilden einen Winkel von ca. 120°, die Keulen sind kräftig und gut bemuskelt. Die Sprunggelenke sind kräftig ausgebildet und fest, der Hintermittelfuß steht senkrecht unter dem Sprunggelenk. Die Pfoten sind geschlossen, leicht gewölbt, die Ballen hart und von dunkler Farbe, die Nägel kräftig, gewölbt und ebenfalls von dunkler Farbe.

Gangwerk

Der Deutsche Schäferhund ist ein Traber, die Gliedmaßen müssen in Länge und Winkelungen so aufeinander abgestimmt sein, daß er ohne wesentliche Veränderung der Rückenlinie die Hinterhand bis zum Rumpf hin verschieben und mit der Vorhand genausoweit ausgreifen kann. Jede Neigung zur Überwinkelung der Hinterhand mindert die Festigkeit und die Ausdauer und damit die Gebrauchstüchtigkeit. Bei korrekten Gebäudeverhältnissen und Winkelungen ergibt sich ein raumgreifendes, flach über den Boden gehendes Gangwerk, das den Eindruck müheloser Vorwärtsbewegung vermittelt. Bei einem nach vorn geschobenen Kopf und leicht angehobener Rute ergibt sich bei einem gleichmäßigen und ruhigen Trab eine von den Ohrenspitzen über den Nacken und Rücken bis zum Rutenende verlaufende weichgeschwungene und nicht unterbrochene Rückenlinie.

Haut

Die Haut ist (lose) anliegend, ohne jedoch Falten zu bilden.

Haarkleid

Beschaffenheit des Haares

Die korrekte Behaarung für den Deutschen Schäferhund ist das Stockhaar mit Unterwolle. Das Deckhaar soll möglichst dicht, gerade harsch und fest anliegend sein. Am Kopf einschließlich des Ohrinnern, an der Vorderseite der Läufe, an Pfoten und Zehen kurz, am Hals etwas länger und stärker behaart. An der Rückseite der Läufe verlängert sich das Haar bis zum Vorfußwurzelgelenk bzw. bis zum Sprunggelenk, an der Rückseite der Keulen bildet es mäßige Hosen.

Farben

Schwarz mit rotbraunen, braunen, gelben bis hellgrauen Abzeichen. Schwarz einfarbig, grau mit dunklerer Wolkung, schwarzem Sattel und Maske. Unauffällige, kleine weiße Brustabzeichen, sowie helle Innenseiten sind zugelassen, aber nicht erwünscht. Die Nasenkuppe muß bei allen Farbschlägen schwarz sein. Fehlende Maske, helle bis stechende Augenfarbe sowie helle bis weißliche Abzeichen an Brust und Innenseiten, helle Krallen und rote Rutenspitze sind als Pigmentschwäche zu bewerten. Die Unterwolle zeigt einen leichten Grauton. Die Farbe weiß ist nicht zugelassen.

Grösse/Gewicht

Rüden:	Widerristhöhe	60 cm bis 65 cm
	Gewicht	30 kg bis 40 kg
Hün-	Widerristhöhe	55 cm bis 60 cm
dinnen:	Gewicht	22 kg bis 32 kg

Hoden

Rüden sollten zwei offensichtlich normal entwickelte Hoden aufweisen, die sich vollständig im Skrotum befinden.

Fehler

Jede Abweichung von den vorgenannten Punkten sollte als Fehler angesehen werden, dessen Bewertung im genauen Verhältnis zum Grad der Abweichung stehen sollte.

Schwere Fehler

Abweichungen von den vorstehend beschriebenen Rassekennzeichen, die die Gebrauchsfähigkeit beeinträchtigen. Ohrenfehler: Seitlich zu tief angesetzte Ohren, Kippohren, Schildspannerstellung der Ohren, nicht gefestigte Ohren. Erhebliche Pigmentmängel. Stark beeinträchtigte Gesamtfestigkeit.

Zahnfehler

Alle Abweichungen vom Scherengebiß und der Zahnformel, soweit es sich nicht um ausschließende Fehler (siehe folgendes) handelt.

Ausschließende Fehler

a) Wesensschwache, bissige und nervenschwache Hunde.
b) Hunde mit nachgewiesener »schwerer HD«.
c) Monorchiden und Kryptorchiden sowie Hunde mit deutlich ungleichen bzw. verkümmerten Hoden.
d) Hunde mit entstellenden Ohren- bzw. Rutenfehlern.
e) Hunde mit Mißbildungen.
f) Hunde mit Zahnfehlern bei Fehlen von: 1mal Prämolar 3 und ein weiterer Zahn, oder 1 Fangzahn, oder 1 Prämolar 4, oder 1 Molar 1 bzw. Molar 2, oder insgesamt 3 Zähne und mehr.
g) Hunde mit Kiefermängeln: Rückbiß von 2 mm und mehr, Vorbiß, Aufbeißen im gesamten Schneidezahnbereich.
h) Hunde mit Über- bzw. Untergröße von mehr als 1 cm.
i) Albinismus.
j) Die Haarfarbe weiß (auch bei dunklen Augen und Nägeln).
k) Langstockhaar (langes, weiches, nicht fest anliegendes Deckhaar mit Unterwolle, Fahnen an Ohren und Läufen, buschige Hosen und buschige Rute mit Fahnenbildung nach unten).
l) Langhaar (langes, weiches Deckhaar ohne Unterwolle, meist auf der Rückenmitte gescheitelt, Fahnen an Ohren und Läufen und an der Rute).

Begriffserläuterungen

Adult: Ausgewachsen, geschlechtsreif.
Afterklaue oder -kralle: Verkümmerte erste Zehe, die dem Daumen entspricht.
Befederung: Fransen aus langen Haaren, besonders an Rute und Läufen.
Fang: Schnauze, Vorderteil des Gesichtsschädels.
Gebäude: Körperbau.
Hinterhand: Die gesamte Hintergliedmaße (Becken, Keulen und Hinterbeine).
Kreuzung: Paarung von zwei Tieren mit unterschiedlichen Erbanlagen.

Kruppe: Hinterteil des Rumpfs zwischen Kreuzbein und Schwanzwurzel.
Läufe: Beine, Gliedmaßen.
Lefzen: Lippen.
Platten: Größere Farbflecken im Fell.
Rute: Schwanz.
Schlag: Gruppe von Tieren innerhalb einer Rasse mit gemeinsamen Merkmalen (Größe, Färbung, Behaarung usw.).
Stop: Stirnabsatz, Einbuchtung zwischen Nasenbein und Stirn.
Territorialverhalten: Besetzung und Verteidigung eines Eigenbezirks (Territorium oder Revier).
Vor- oder Vorderhand: Vordergliedmaße (Schultern, Oberarme und Vorderbeine).
Welpe: Junger Hund bis zum Alter von etwa 2 Monaten.
Widerrist: Der vorderste, nach hinten abfallende Teil des Rückens; die Widerristhöhe ist die Entfernung vom Boden bis zum höchsten Punkt des Widerrists.
Wurf: Gesamtzahl der Welpen aus einer Geburt.

Register

Danksagungen

Dank des Autors

Vielen Dank allen, die an der Entstehung dieses Buches mitgewirkt haben. Mein besonderer Dank gilt Patricia Holden White für die »Choreographie« mehrerer Fotosequenzen, der Familie Murkett für die Ausleihe ihrer Sammlung von älterer Literatur über den Deutschen Schäferhund, Gary Clayton Jones für die Röntgenaufnahmen, Peter Kertesz für die Gebißaufnahmen, Ake Hedhammar in Schweden für Übersetzungshilfe und für das Aufspüren von Fotos des ersten registrierten Schäferhundes »Horand« und Ivan Gerger vom Waltham Centre of Pet Nutrition für die Angaben zum Energiebedarf des Schäferhundes.

Dank des Verlags

Der Verlag bedankt sich bei der Fotografin Tracy Morgan für ihren wertvollen Beitrag zu dem Buch; Dank auch an Tracys Assistentinnen Sally Bergh-Roose, Stella Smyth-Carpenter und Christina Hale. Sehr zu Dank verpflichtet ist er ebenfalls Patricia Holden White für die Beratung und Unterstützung bei den Fotoaufnahmen. Das Hundezubehör hat Sarah Kendall von der Company of Animals bereitgestellt. Schließlich dankt der Verlag den folgenden Personen, die ihre Hunde und/oder sich selbst für die Aufnahmen zur Verfügung gestellt haben:

Mitchell Andrews; Laurence Bard (Thunder); Wendy Bartlet; Roy und Maureen Beech (Rosie); Sally Bergh-Roose (Olderhill Abeth at Sarsway CDX UDX WDX TDX »Chaos«, Sarsway Arak CDX UDX WD »Hudson«, Sarsway Ardent CDX UD WD »Mallik«, Yuarana Wild Joker »Rion« und Standahl Orie »Kes«); Allan und Marion Botchinsky (Theo); Ken, Chris und Sheryl Brooks (Pepsi); Penny Carpanini (Tabathas Mirth »Mirth«); Connor und Judy Carroll (Oscar); Suzanne Collins (Karma); Bruce Fogle; Jill Fornary; David und Shantie Forrest (Lexter Jobey »Zack«, Davantie Klamity Jane »Chloe« und die Davantie-Welpen); Denise Frick (Bonnie Blue); Sarah und Victoria Goodwin; Christina Hale; Gillian Jane (Heelakeary Countess und ihre Welpen); Helen Lamb (Sabre); Sarah Lillicrapp; Hilary Lynette vom Conquell Dog Training Centre (Cinquell Troila, Conquell Orrie und Conquell Platz); Denise Murkett (Luke); Neil McAuliffe von Crown Protection Services Limited (Guinness, Murco und Marnie); Tracy Morgan (Topkyri The Fire Dragon »Scorch«); Seán O'Connell; Valentine Olubodun; Mr. W. und Mrs. J. Petrie (Champion Bilnetts Dirty Harry, Bilnetts Lucky Charm und der Bilnetts-Wurf »N«); Ken und Anita Plaster vom Aylesbury German Shepherd Dog Training Club (Heelaculum Breen of Heelakeary »Bonnie«, Heelakeary Arno »Dancer« und Heelakeary Baron »Lieka«); Anne Price (Flora und Marla); Nick Roeg (Anna); Jane Russell; Juette Shallow; Hester Small; Stella und Stephanie Smyth-Carpenter (Dinah).

Bildnachweis

Alle Fotos stammen von Tracy Morgan, mit Ausnahme von

Animal Photography: (Sally Anne Thompson) 7Mr, 17ur, 73ur, 74ol; Jane Burton: 56u; Christopher Bradbury: 64Mr; Mary Evans Picture Library: 62Ml, 74Mr, 74ul; Guide Dogs for the Blind Association: 75or; The Image Bank: (Lynn M. Stone) 6ol, (Joseph Van Os) 63ur; Impact Photos: (Marilyn Green) 75Ml; Microscopix Photo Library: 52ul; Rex Features: (James Morgan) 72ur, 72ul, 75ul, (Sipa Press) 75ur; Tim Ridley: 4–5ur, 7u, 8ul, 8ur, 14Mr, 14ol, 15M, 15or, 22ul, 23–29, 33u, 42–43, 44ul, 44ur, 44Mr, 45ul, 45ur, 46ul, 45M, 47ol, 47ur, 49ul, 50u, 52o, 53, 56ul, 60u, 61ul, 61ur 61ol, 68Mr, 70o; Solitaire Photography: 72or, 73ul; David Ward: 7o, 18Ml, 36ul, 37u; Zefa Pictures: 2

Zeichnungen

Samantha Elmhurst: 53, 55, 65;
Sean Milne: 58-59;
Jane Pickering: 35;
Clive Spong: 11.